Dorothee Raab

Mein großes Vorschulbuch mit Rabe Linus

Buchstaben, Zahlen, Konzentration

Mit Illustrationen von Bettina Abel
und Stefan Leuchtenberg

Dudenverlag
Berlin

Vorwort

Liebe Eltern,

das große Vorschulbuch wendet sich an Kinder ab 5 Jahren. Es bietet abwechslungsreiche Aufgaben und fördert grundlegende Fertigkeiten, die eine wichtige Voraussetzung zum Lesen-, Schreiben- und Rechnenlernen bilden. Ihr Kind bereitet sich damit optimal auf den anstehenden Schulbeginn vor.

Die Aufgaben haben einen spielerischen Charakter und können von den Kindern im individuellen Lerntempo gelöst werden. Die klare Gestaltung bietet jede Menge Platz zum Malen und Ausmalen.

Die klassischen Vorschul-Fertigkeiten sind farblich unterschieden und werden abwechselnd in lockerer Form trainiert:

Feinmotorik

Die Kinder lernen, mit dem Stift zu arbeiten und Linien zu ziehen, die Grundbestandteile unserer Buchstaben und Zahlen sind. Sie verbinden Punkte und lösen Labyrinth-Aufgaben. Sie gewöhnen sich an die Schreib- und Leserichtung.

Logisches Denken

Die Kinder lernen, Zusammenhänge zu erkennen, Reihenfolgen zu bilden und Phänomene in Kategorien einzuordnen.

Konzentration

Die Kinder trainieren, genau hinzuschauen und optische Feinheiten sowie Formen in ihrer Größe und Richtung zu unterscheiden.

Buchstaben

Die Kinder lernen, Buchstaben zu schreiben und entsprechende Anlaute zu unterscheiden. Sie lernen, dass man Wörter in Silben zerlegen kann.

Zahlen

Die Kinder schreiben die ersten Zahlen, festigen das Zählen und bekommen ein Gefühl für Mengen.

Vorwort

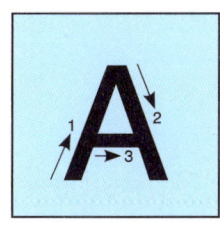 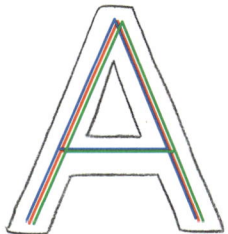  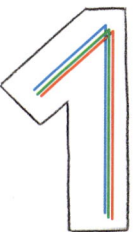

Als Unterstützung für die Seiten, auf denen Buchstaben und Zahlen geschrieben werden, gibt es am Ende des Buches ein großes Blatt zum Herausschneiden. Darauf sind alle Großbuchstaben sowie die Zahlen von 1 bis 10 abgebildet. Beim Zahlen- und Buchstaben-schreiben können sich die Kinder die Seite neben das Buch legen, um auf die richtige Schreibrichtung zu achten.

Oben auf den Seiten zeigen die Symbole an, was zu tun ist.
Die Kinder können sich damit selbstständig erklären, was zu tun ist:

Anmalen	Zahlen	Buchstaben	Linien ziehen/ Zeichnen	Ankreuzen/ Durch-streichen	Einkreisen	Schreiben

An manchen Stellen ist es besonders wichtig,
genau zu schauen oder genau hinzuhören.
Diese sind mit einem kleinen Ohr oder einem kleinen
Auge gekennzeichnet.

Hinten im Buch gibt es Lösungen zum selbstständigen Vergleichen und bunte Belohnungssticker, die auf jede fertige Seite geklebt werden können.

Ich wünsche Ihren Kindern viel Freude beim Entdecken des Heftes, beim Lösen der Aufgaben und einen erfolgreichen Schulbeginn.

Ihre Dorothee Raab

Suchbild

 Kannst du alle Schneckenhäuser finden? Male sie an.

Zeichne die gepunkteten Linien nach.

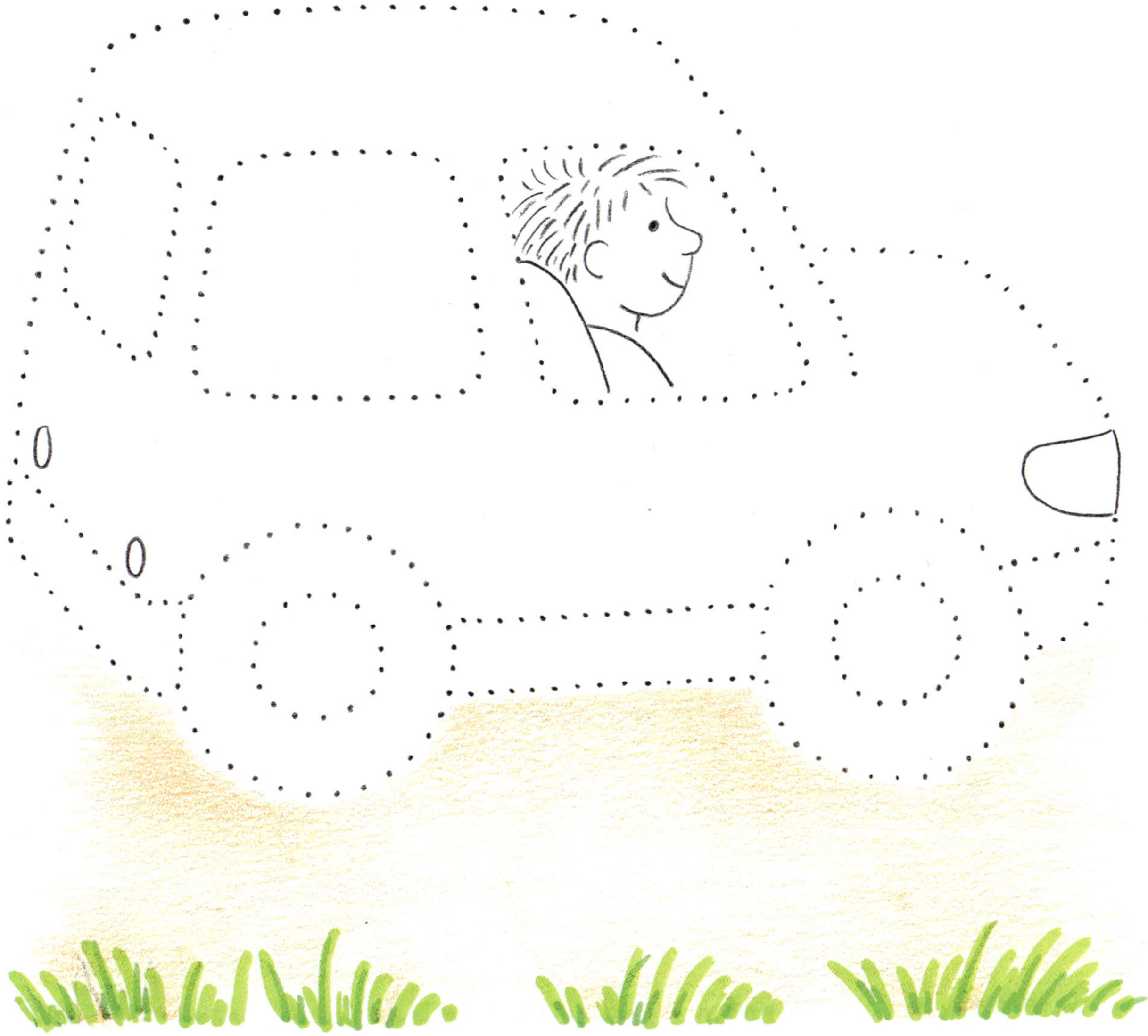

Linien ziehen

Der kleine Grashüpfer springt im Zickzack.
Zeichne seinen Weg nach.

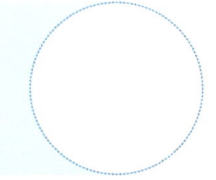

Schreibe das große **A** in verschiedenen Farben.
Achte auf die Schreibrichtung.

 Wo hörst du ein **A** am Anfang? Male an.

Kreise den Buchstaben **A** ein.

A L S A F G H T I S
W I A F P L B A C E
C E S O A C U R A I

Schreibe die große **1** in verschiedenen Farben.
Achte auf die Schreibrichtung.
Male alle Eistüten mit einer Kugel an.

Labyrinth

Wie kommt der Wanderer in das Dorf?
Zeichne seinen Weg ein.

9

Schreibe die große **2** in verschiedenen Farben.
Achte auf die Schreibrichtung.

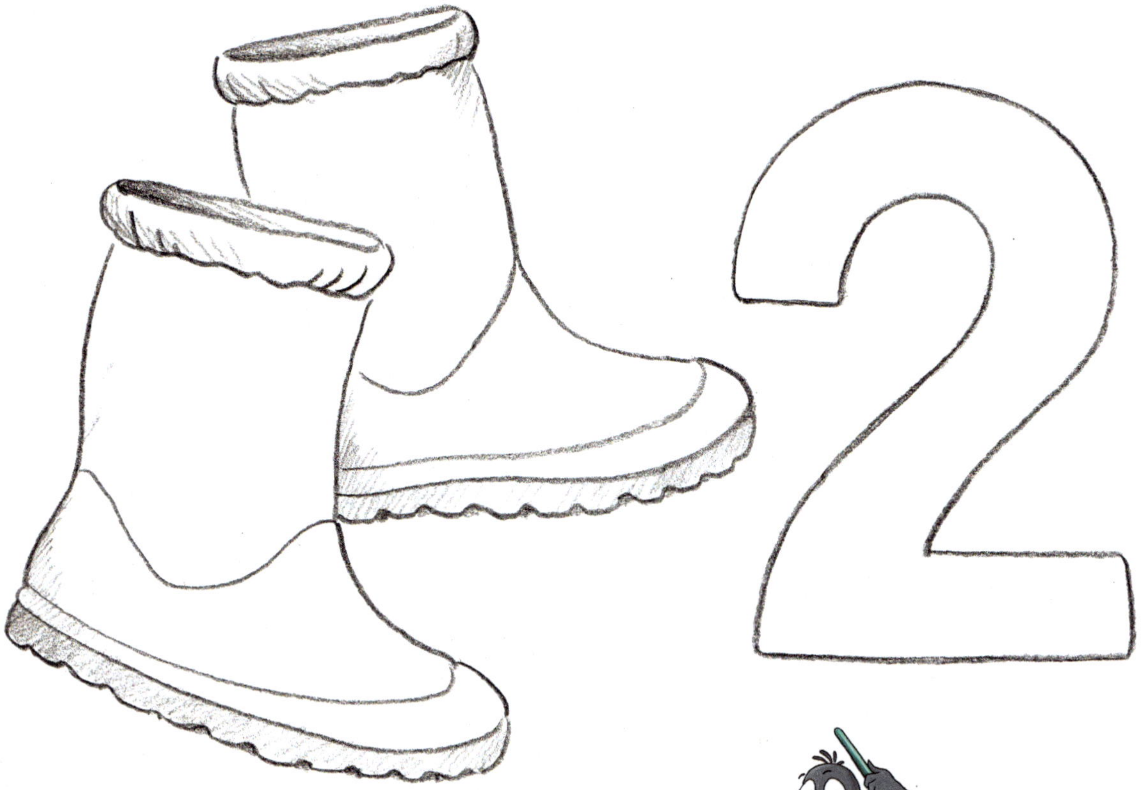

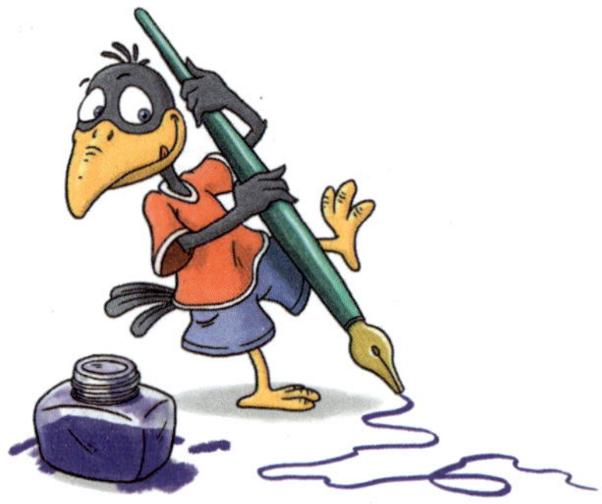

Kreise die Zahl **2** ein.

Paare finden

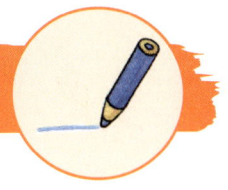

Welche Strümpfe gehören zusammen?
Verbinde sie mit einer Linie.

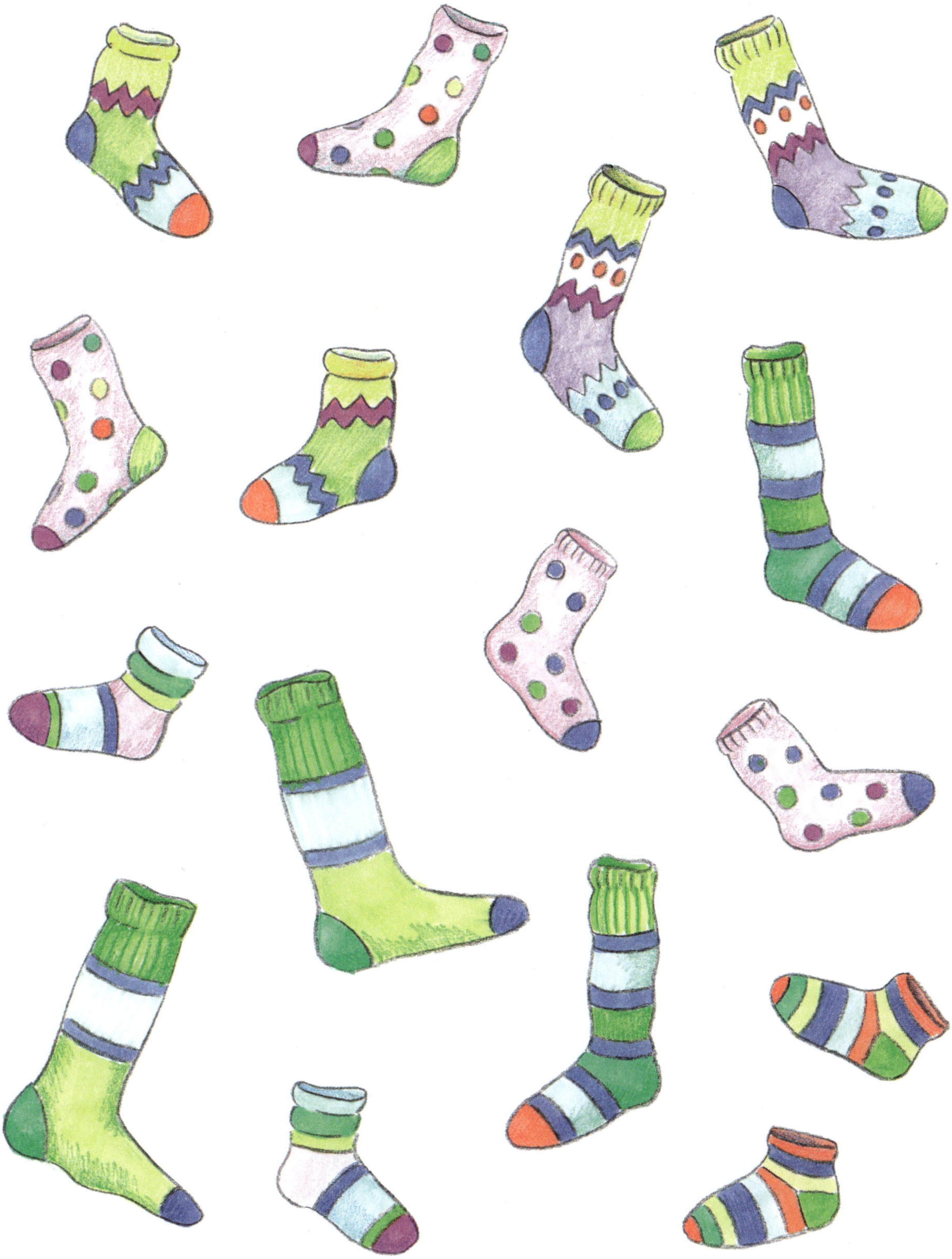

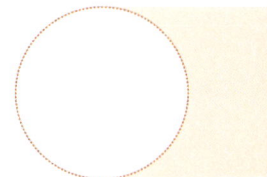

Zeichne die gepunkteten Linien nach.

Findest du alle Kreise? Male sie bunt an.

Linien ziehen

Zeichne die gepunkteten Linien nach.

Fehler finden

In jeder Reihe gehört ein Bild nicht zu den anderen.
Streiche es weg.

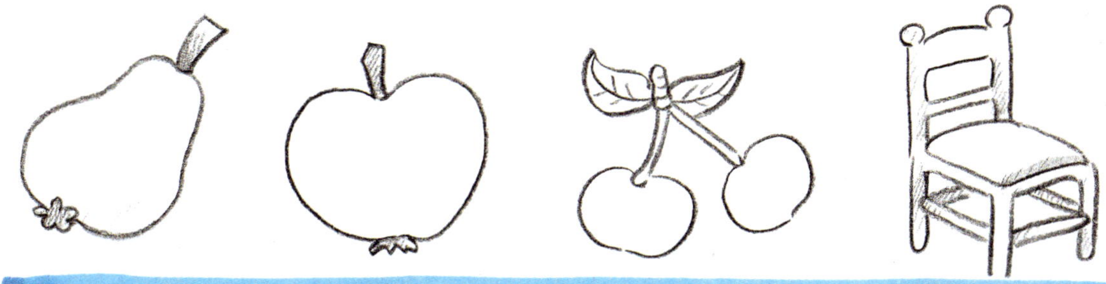

 Vergleiche die beiden Bilder. Kreise die Unterschiede ein.

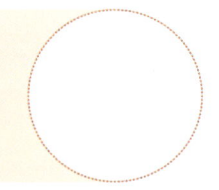

Male die kleinen Formen in der jeweils gleichen Farbe wie die großen Formen an.

Farben

Welche Farbe haben Kirschen? Male sie an.

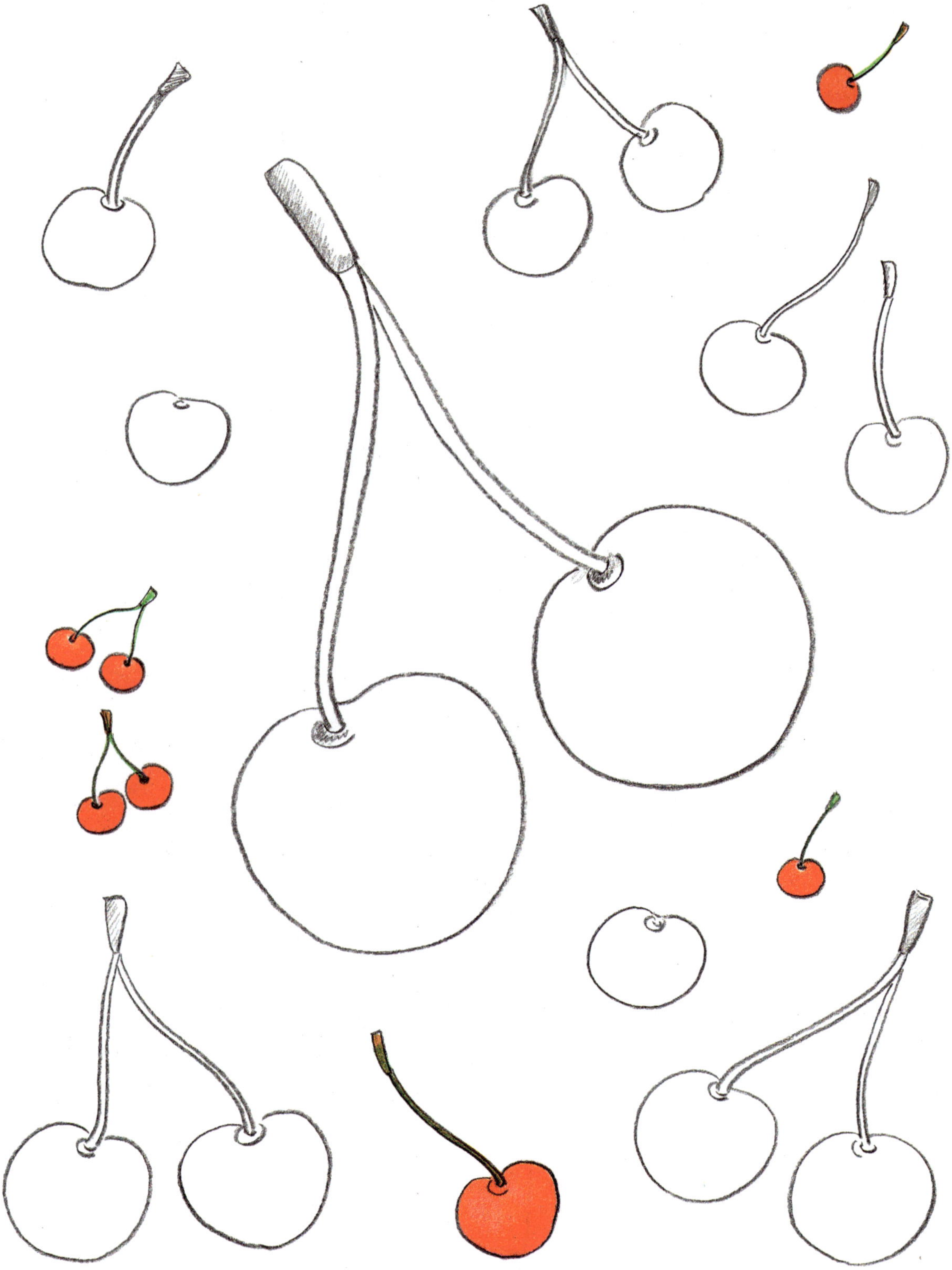

Antons Geschenke sind versteckt. Findest du sie?
Kreise sie ein.

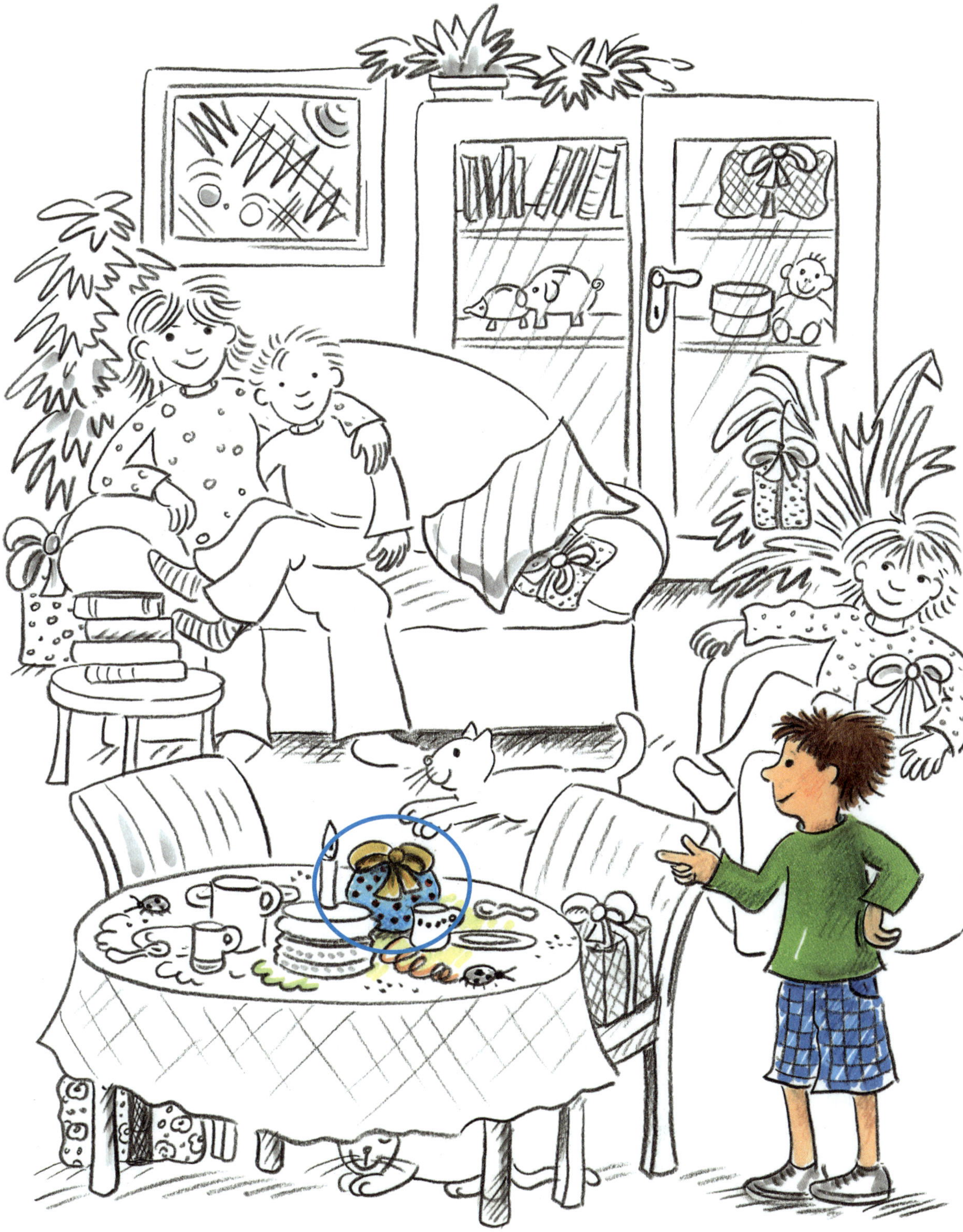

 Wo hörst du ein **B** am Anfang? Male an.
Schreibe das große **B** in verschiedenen Farben.
Achte auf die Schreibrichtung.

B

Labyrinth

Welcher Luftballon gehört Emmi?
Fahre die Linien nach und male den Ballon bunt an.

Auf welchem Bild sind genau 3 Dinge?
Male das richtige Bild an.

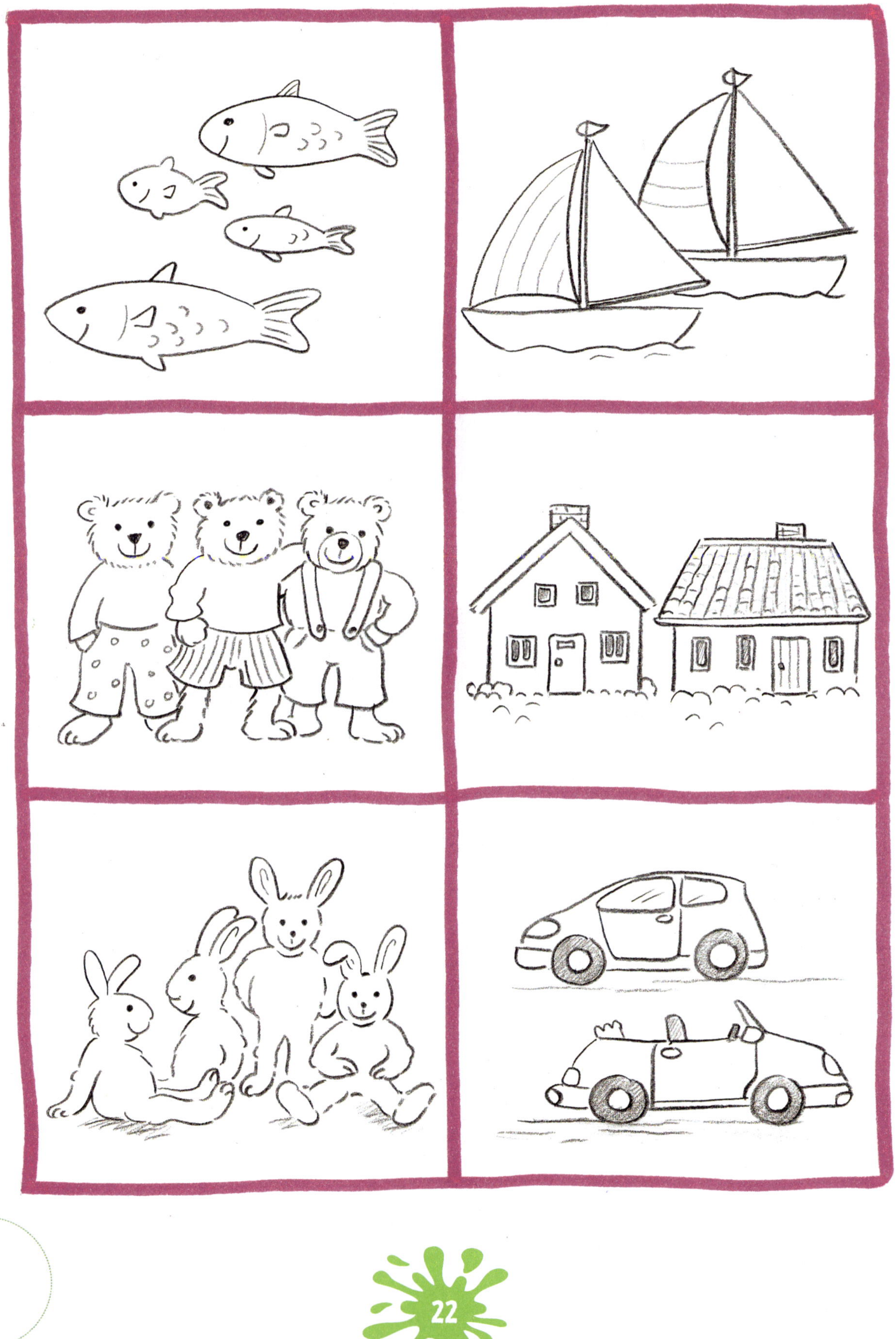

Schreibe die große **3** in verschiedenen Farben.
Achte auf die Schreibrichtung.
Kreise unten die Zahl **3** ein.

3

③ 4 6 4 1
1 2 3 1 2
  4   4 7 5 3
5 2 1   3 4
  6 3 6

23

Zählen

Hier fehlen ja noch Zäune! Zeichne sie so ein, dass immer 4 gleiche Tiere zusammenstehen.

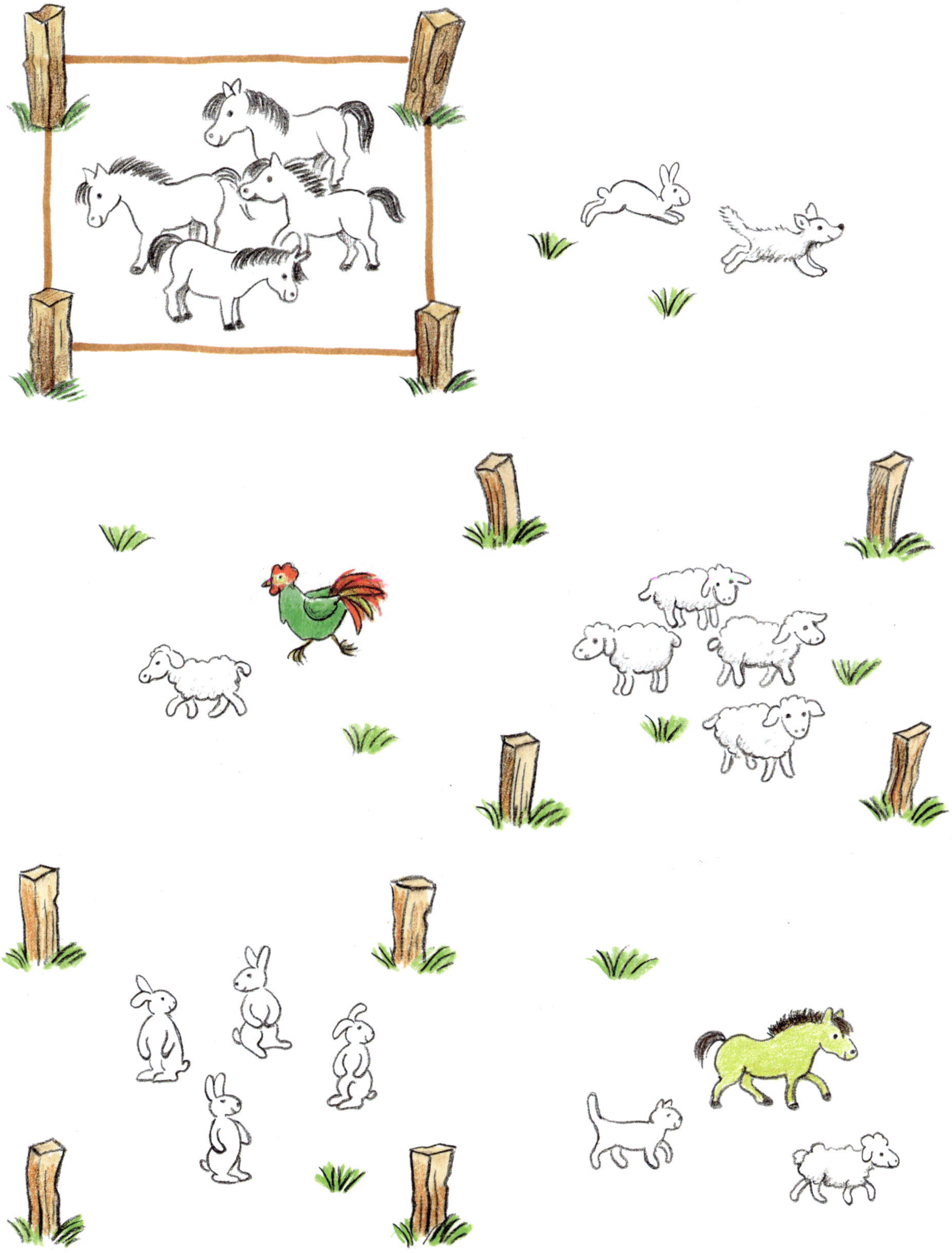

Schreibe die große **4** in verschiedenen Farben.
Achte auf die Schreibrichtung. Zeichne den Hund fertig.

Male alle Würfel an, die 4 Punkte haben.

Fehler finden

In jeder Reihe passt ein Teil nicht zu den anderen.
Streiche es weg.

Schreibe das große **C** in verschiedenen Farben.
Achte auf die Schreibrichtung.
Kreise unten den Buchstaben **C** ein.

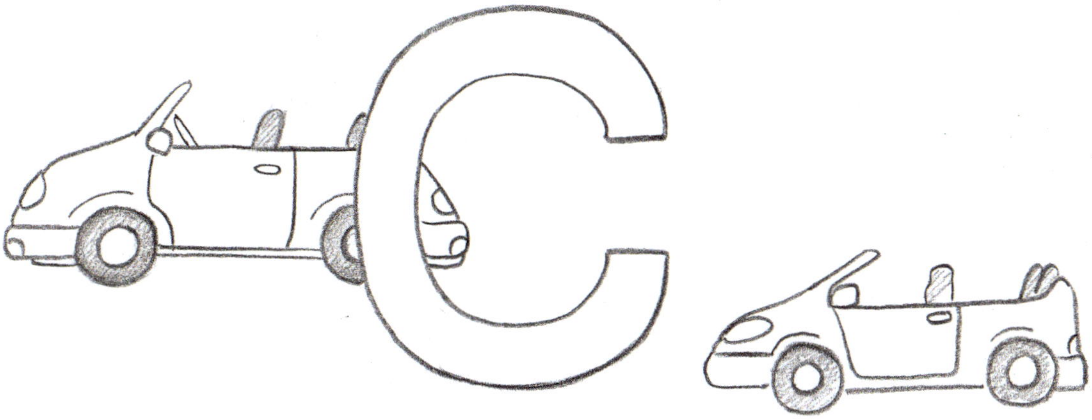

Schreibe das große **D** in verschiedenen Farben.
Achte auf die Schreibrichtung.
Ein Delfin ist anders als die übrigen. Male ihn an.

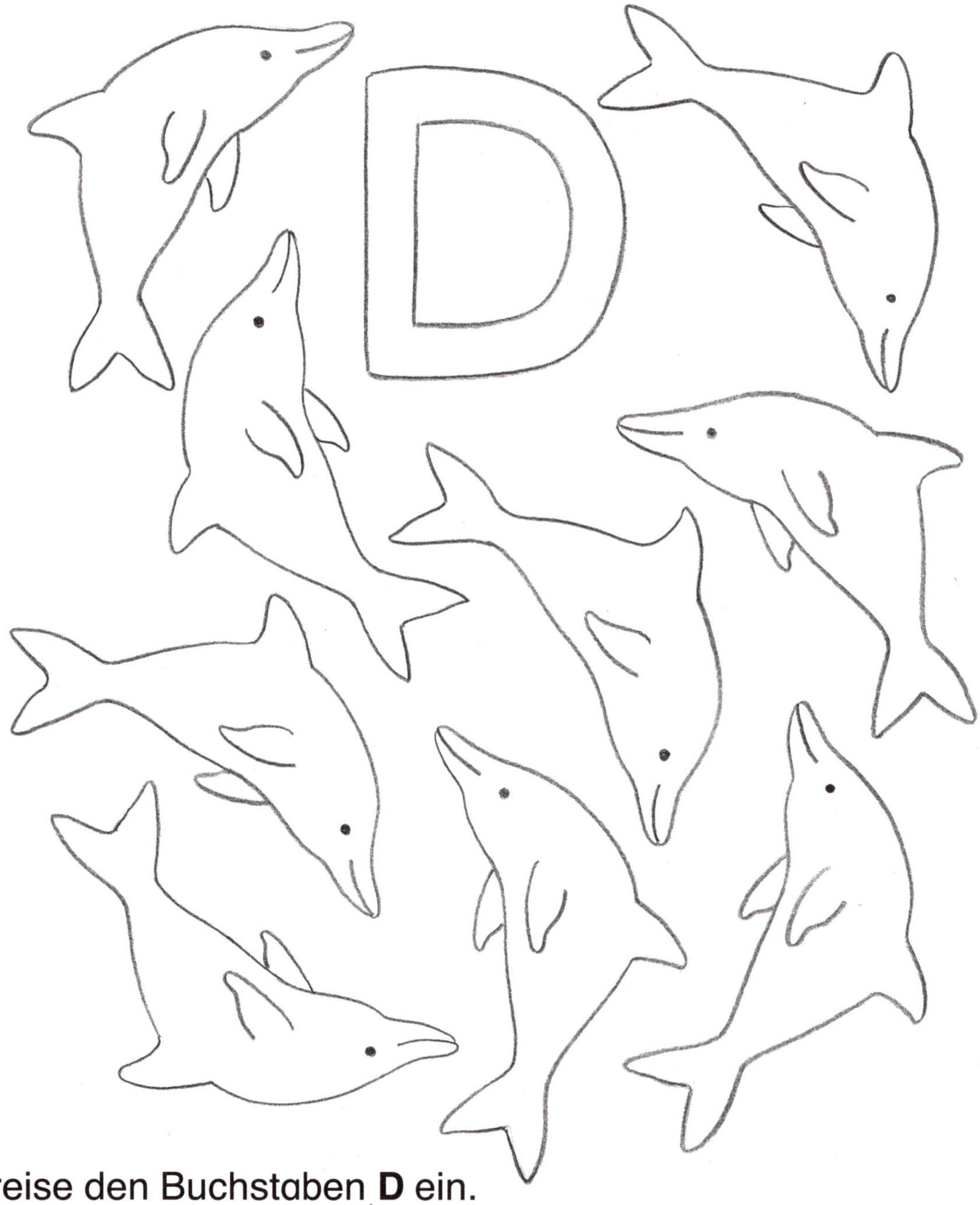

Kreise den Buchstaben **D** ein.

D D A B L C P V D S D D C

Schreibe das große **E** in verschiedenen Farben.
Achte auf die Schreibrichtung.

Ergänze am Zaun die fehlenden Linien.

 Wo hörst du ein **E** am Anfang? Male an.

 # Paare finden

Immer 2 Dinge sehen gleich aus. Kreise sie ein.

Labyrinth

Wie kommt der Affe zu der Banane?
Zeichne seinen Weg ein.

Unterschiede finden

 Vergleiche die beiden Bilder.
Kreise die Unterschiede ein.

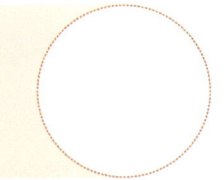 

Was geschieht zuerst?
Verbinde jedes Bild mit der passenden Zahl.

1. 2. 3. 4.

1. 2. 3. 4.

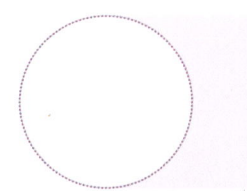

Was gehört zu dem ersten Bild?
Kreise das passende Bild ein.

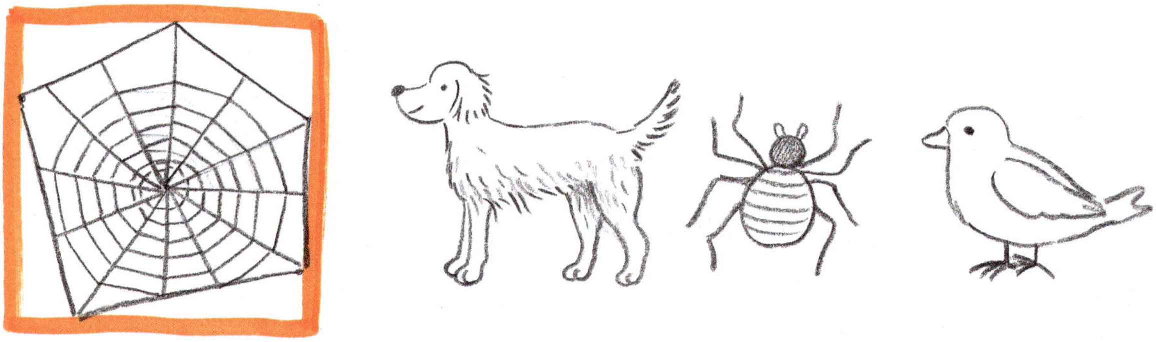

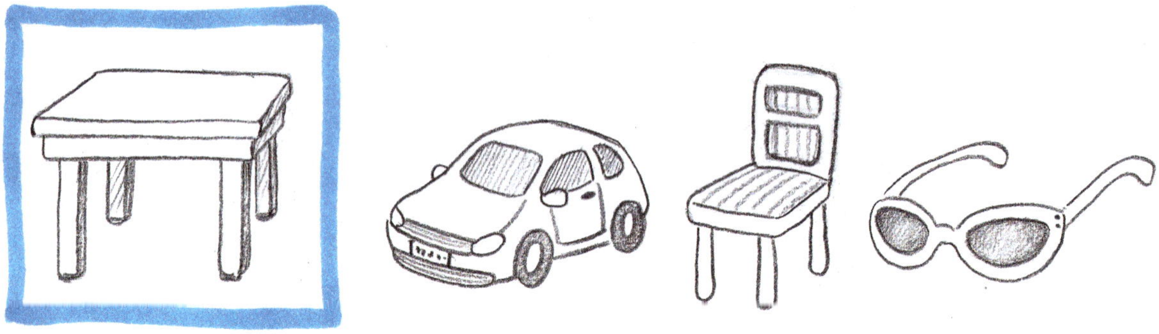

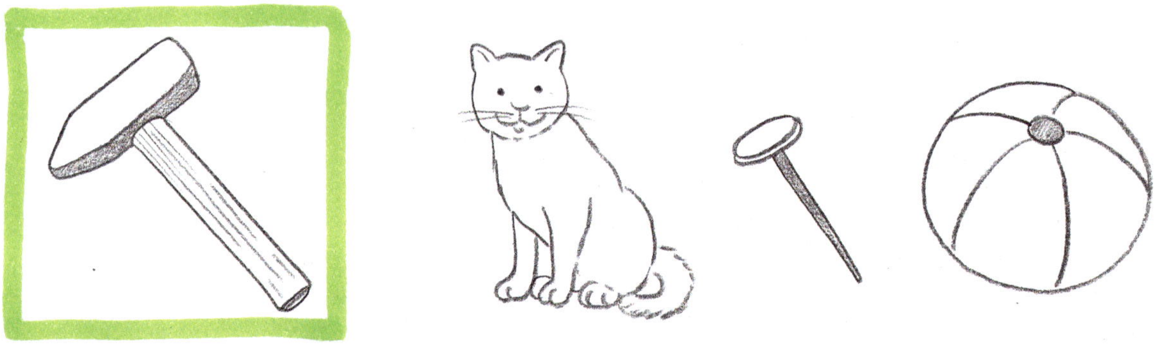

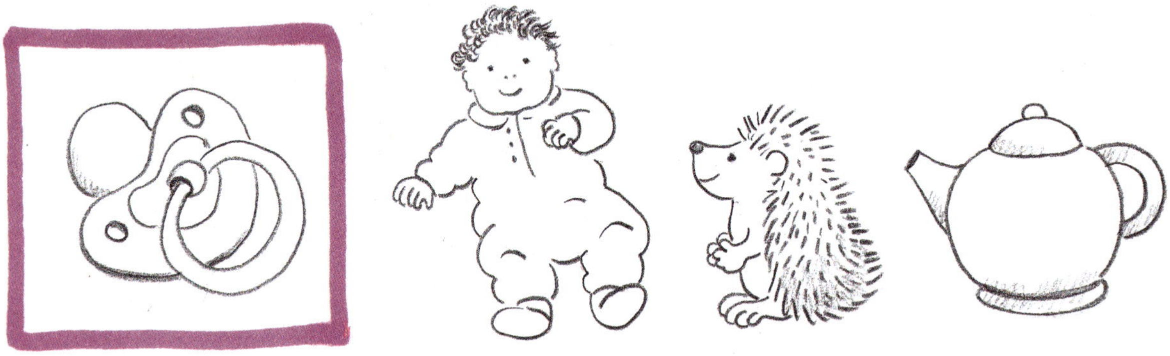

Malen nach Zahlen

Male die Felder in den passenden Farben an.

1 ■ 2 ■ 3 ■ 4 ■ 5 ■ 6 ■

Zahlen

Schreibe die große **5** in verschiedenen Farben.
Achte auf die Schreibrichtung.

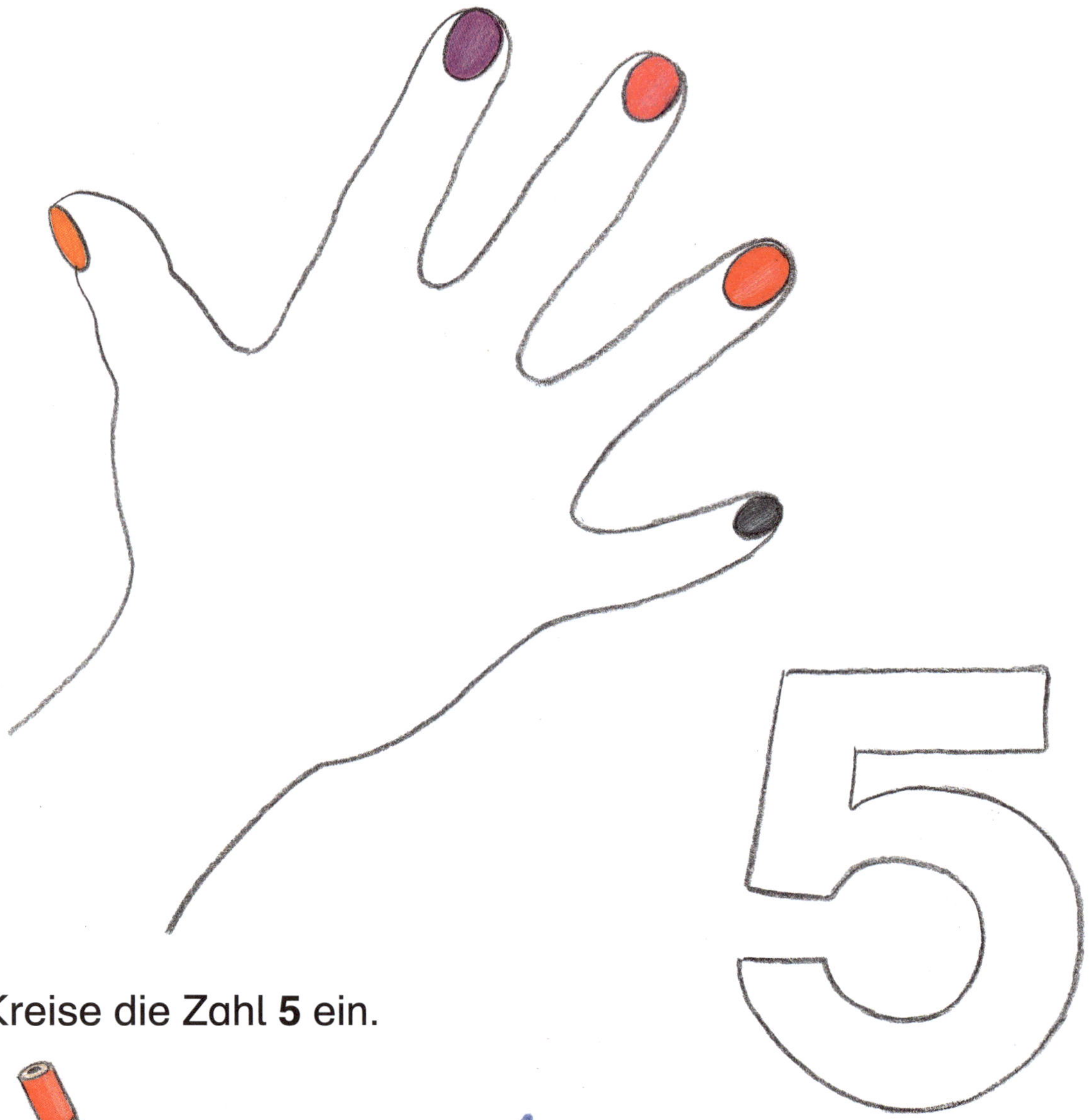

Kreise die Zahl **5** ein.

Wie viele Tiere sind auf dem Bauernhof?
Zähle sie und trage die passenden Zahlen unten ein.

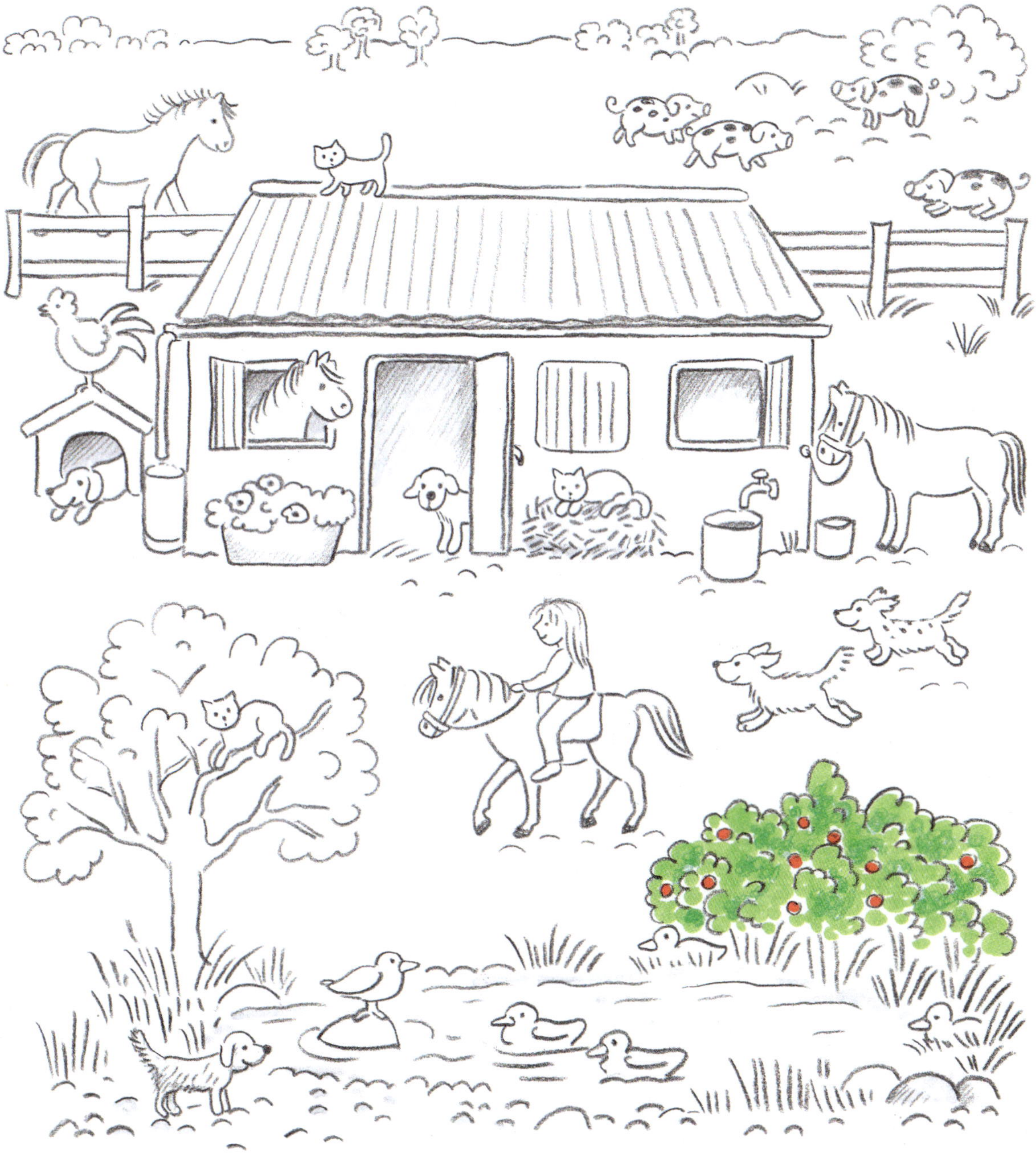

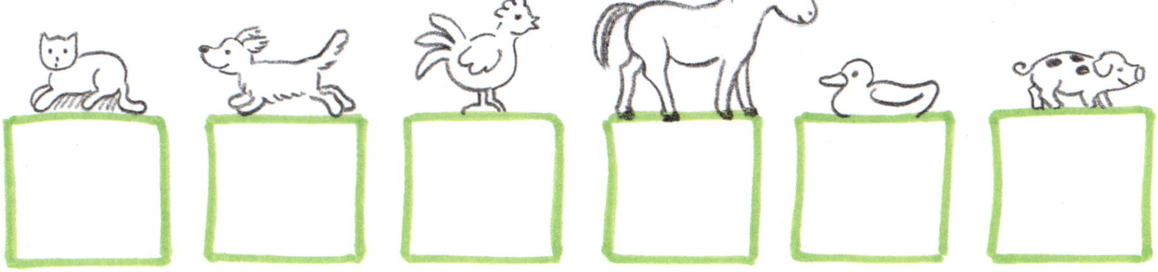

37

Zähle und zeichne die passenden Würfelpunkte ein.

Male alle Würfel mit 5 Punkten an.

Guck mal, ein Flamingo!
Male ihn an.

Zusammenhänge erkennen

Immer 2 Dinge gehören zusammen.
Verbinde sie mit einer Linie.

Schreibe die große **6** in verschiedenen Farben.
Achte auf die Schreibrichtung.

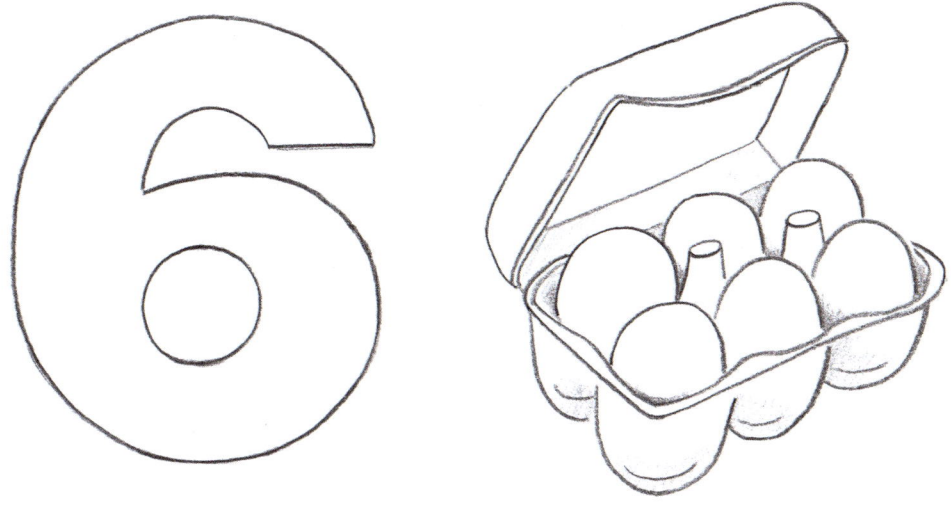

Wovon gibt es genau **6**? Kreuze an.

Kreise die Zahl **6** ein.

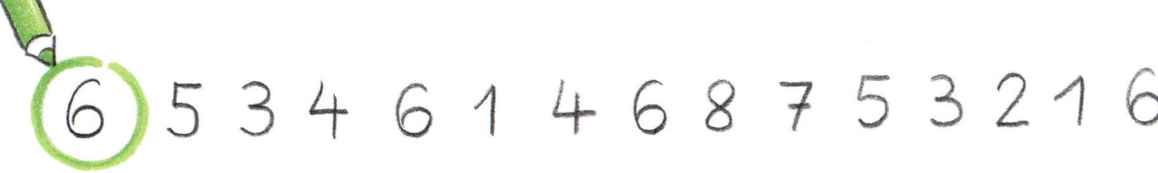

6 5 3 4 6 1 4 6 8 7 5 3 2 1 6

41

Immer 2 Dinge sollen gleich aussehen. Siehst du, was fehlt?
Zeichne die Bilder fertig.

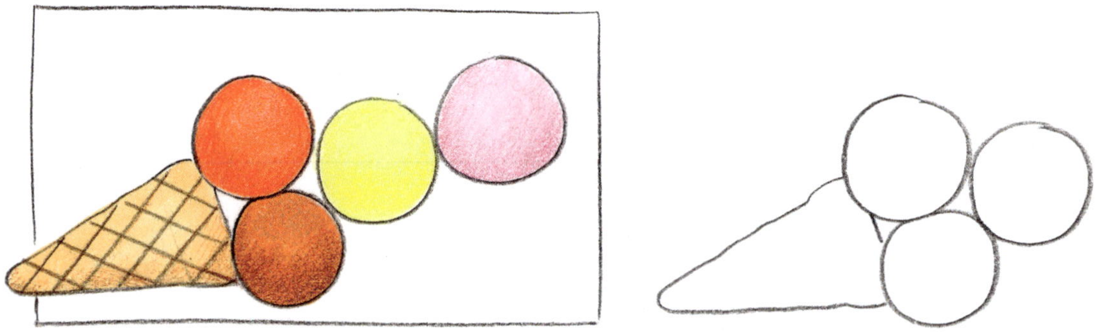

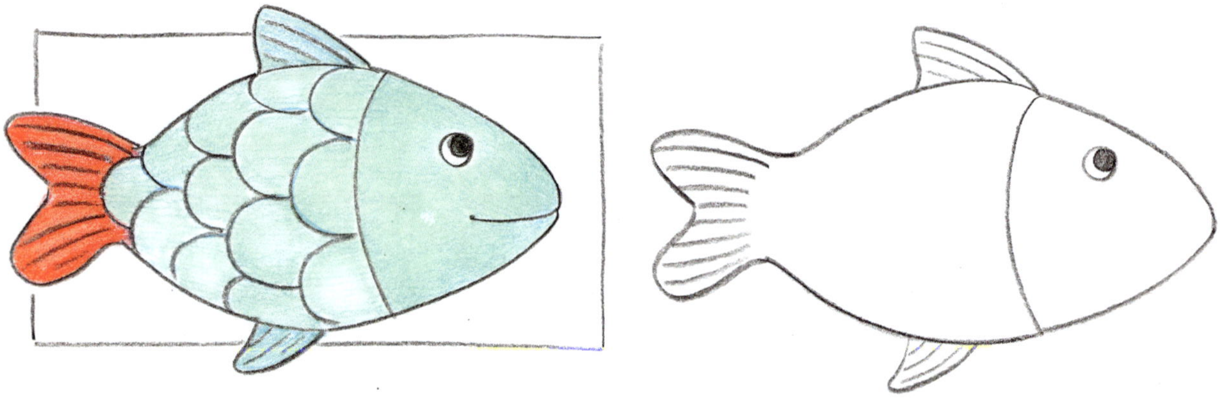

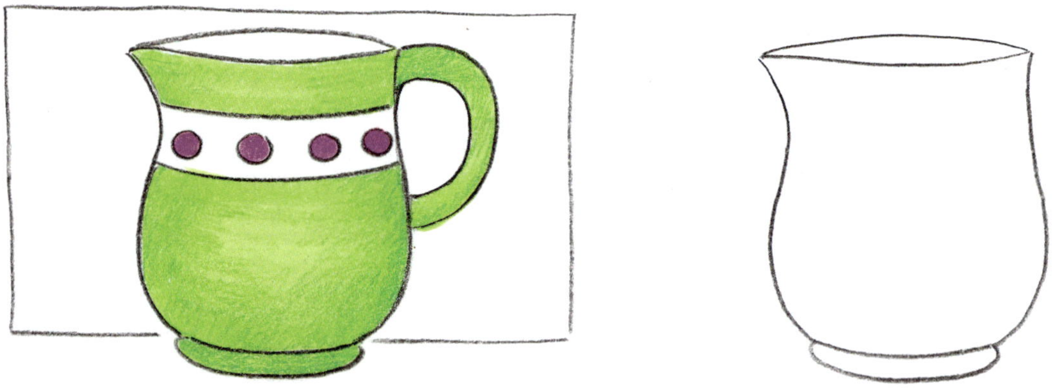

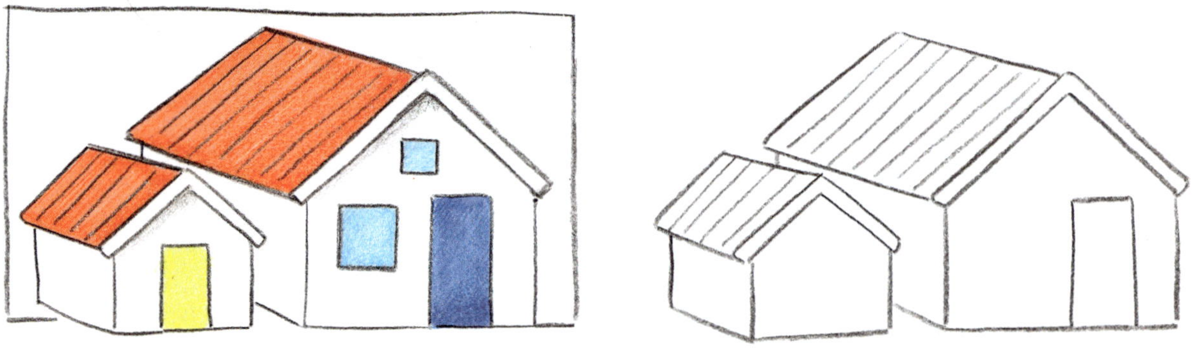

Zählen

Verbinde jedes Bild mit der passenden Zahl.

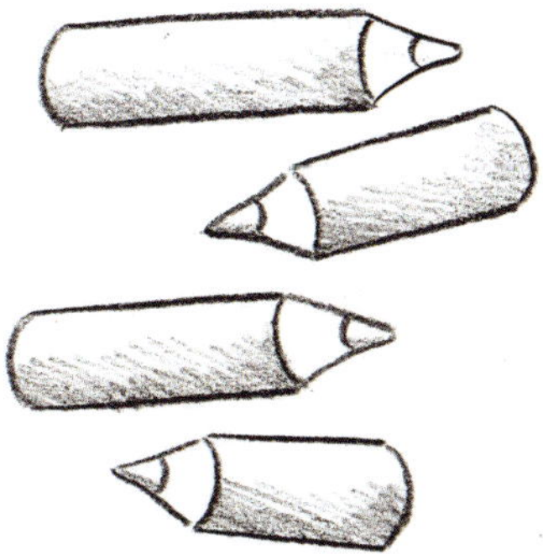

6

4

1

6

3

5

2

3

43

Schreibe das große **F** in verschiedenen Farben.
Achte auf die Schreibrichtung.
Welche Fahnen sind gleich? Kreise sie ein.

Vergleichen

Die beiden Fische sollen genau gleich aussehen.
Zeichne den unteren Fisch fertig und male ihn an.

45

Schreibe das große **G** in verschiedenen Farben.
Achte auf die Schreibrichtung.
Wo hörst du ein **G** am Anfang? Male an.
Kreise unten den Buchstaben **G** ein.

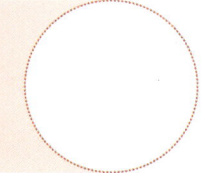

Schreibe das große **H** in verschiedenen Farben.
Achte auf die Schreibrichtung.

Welche Karten sind gleich? Male sie in der gleichen Farbe an.

47

Kannst du alle Blumenstängel einzeichnen?

48

Schreibe das große **I** in verschiedenen Farben.

Achte auf die Schreibrichtung.

Zeichne die Stacheln des Igels nach.

 Wo hörst du unten ein **I** am Anfang? Male die Bilder an.

Linien ziehen

Zeichne die Flugbahnen der Tiere nach.

Genau hinsehen

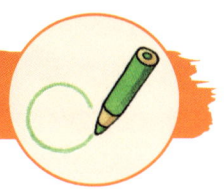

Zwei Tiere sind gleich. Kreise sie ein.

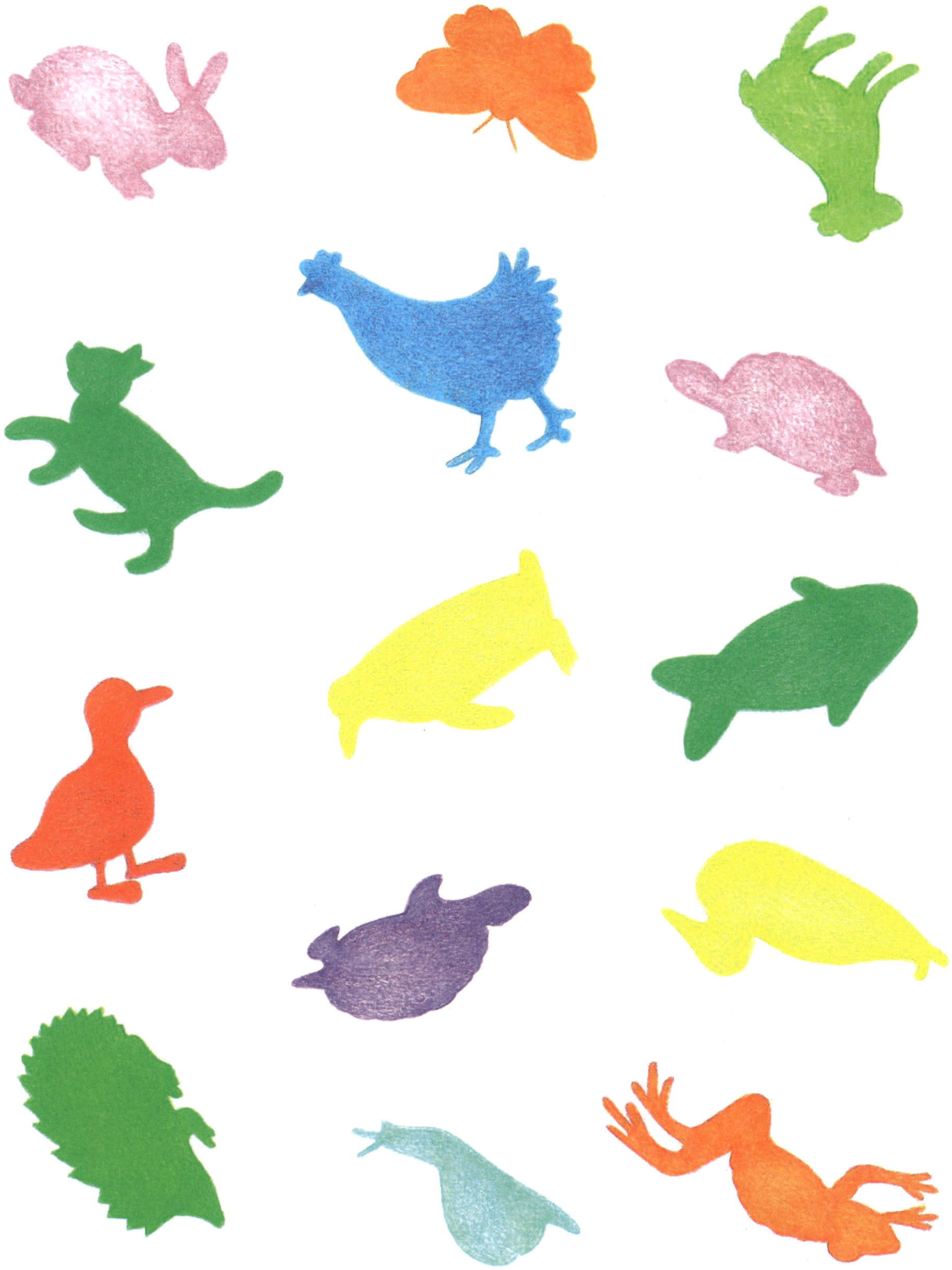

Schreibe jede **7** in verschiedenen Farben.
Achte auf die Schreibrichtung.

7

7 **7** **7**

Wovon gibt es genau **7**? Kreuze an.

Suchbild

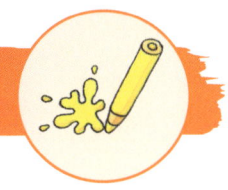

Findest du alle Sterne? Male sie an.

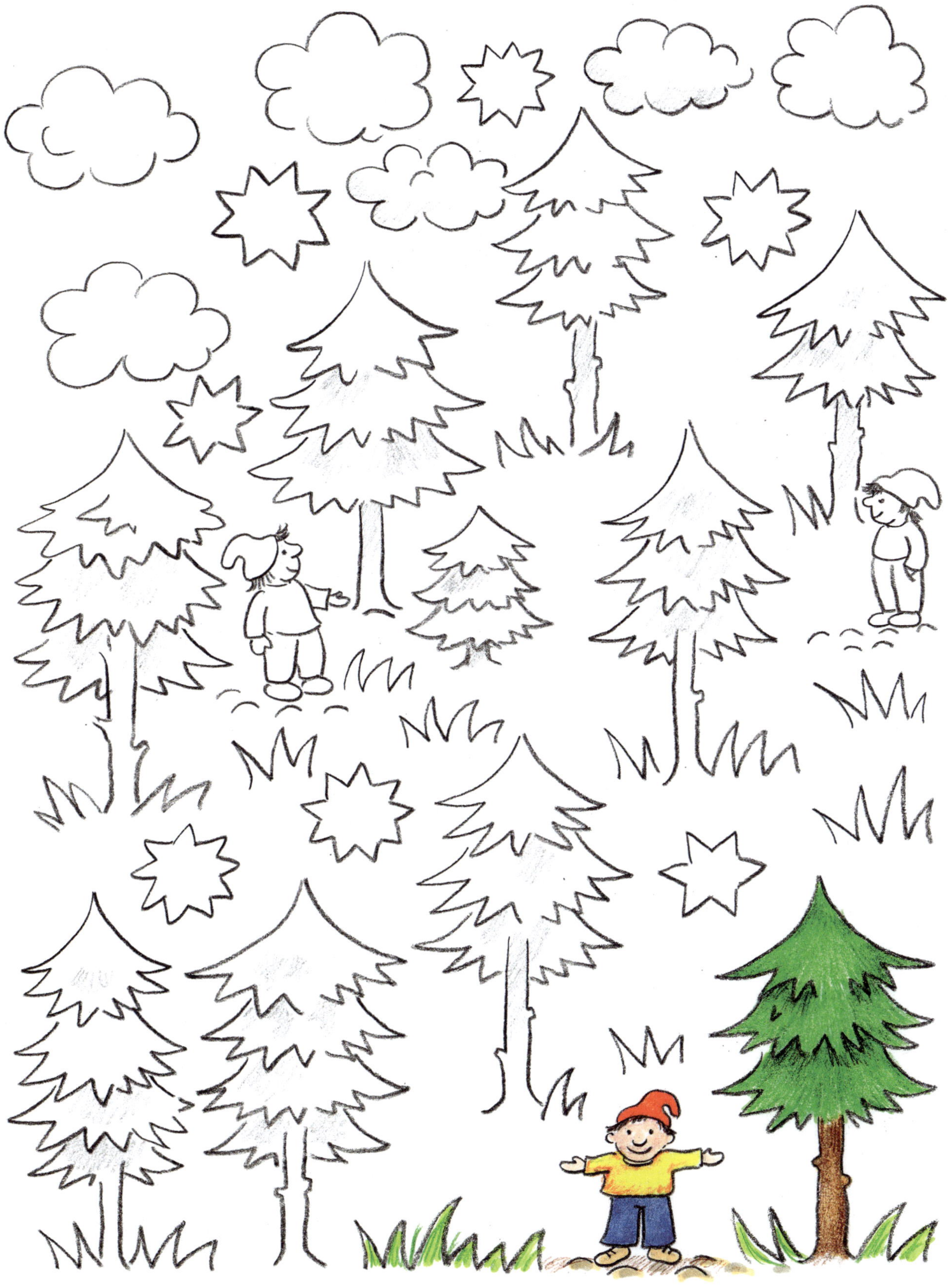

Male das Flugzeug bunt an.

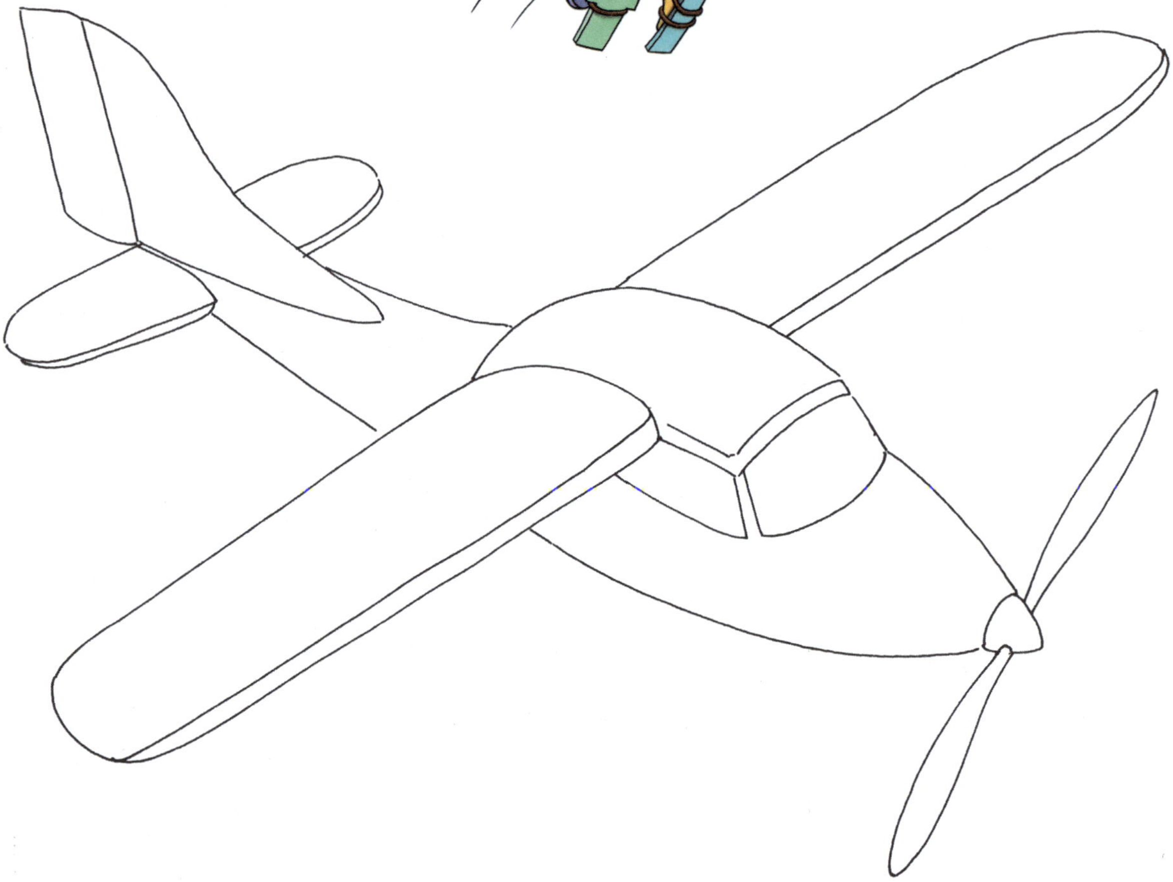

Labyrinth

Das Flugzeug will landen. Zeichne seine Flugbahn durch die Wolken ein.

Linien ziehen

Zeichne alle Schirmstöcke nach.

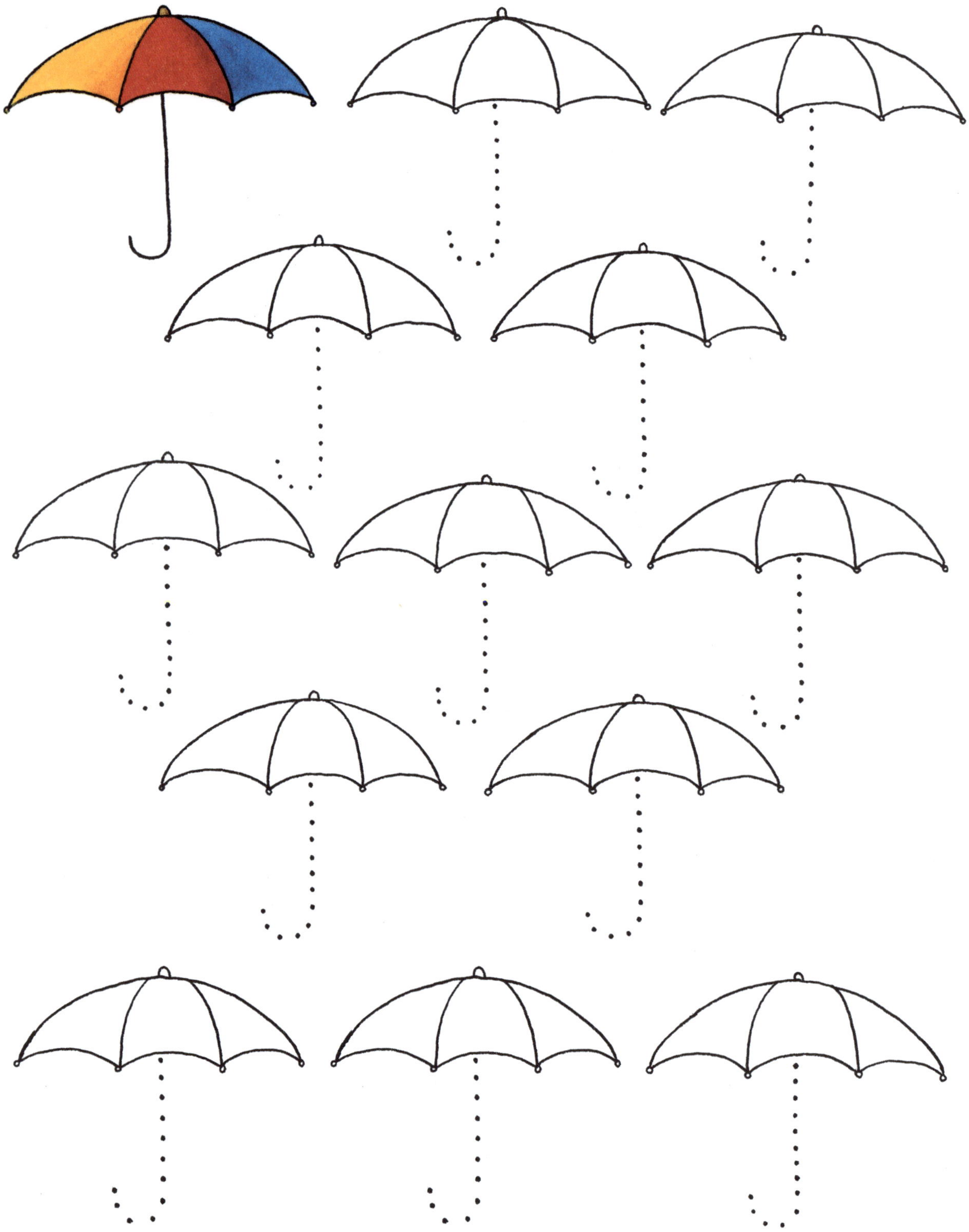

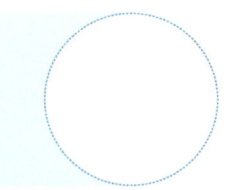

Schreibe das große **J** in verschiedenen Farben.

Achte auf die Schreibrichtung.

Die Jacken sollen alle gleich aussehen. Zeichne sie fertig.

Schreibe jedes **K** in verschiedenen Farben.
Achte auf die Schreibrichtung.

 Wo hörst du ein **K** am Anfang? Male an.

 Vergleiche die Bilder. Findest du die Unterschiede?
Kreise sie ein.

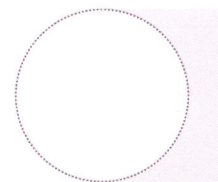

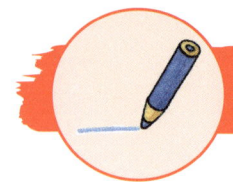

Wie viele Silben haben die Wörter?
Ziehe für jede Silbe einen Strich.

Formen

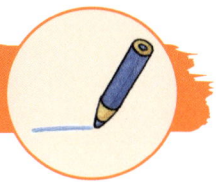

Ziehe die gepunkteten Linien nach.
Findest du noch mehr Dreiecke? Male sie an.

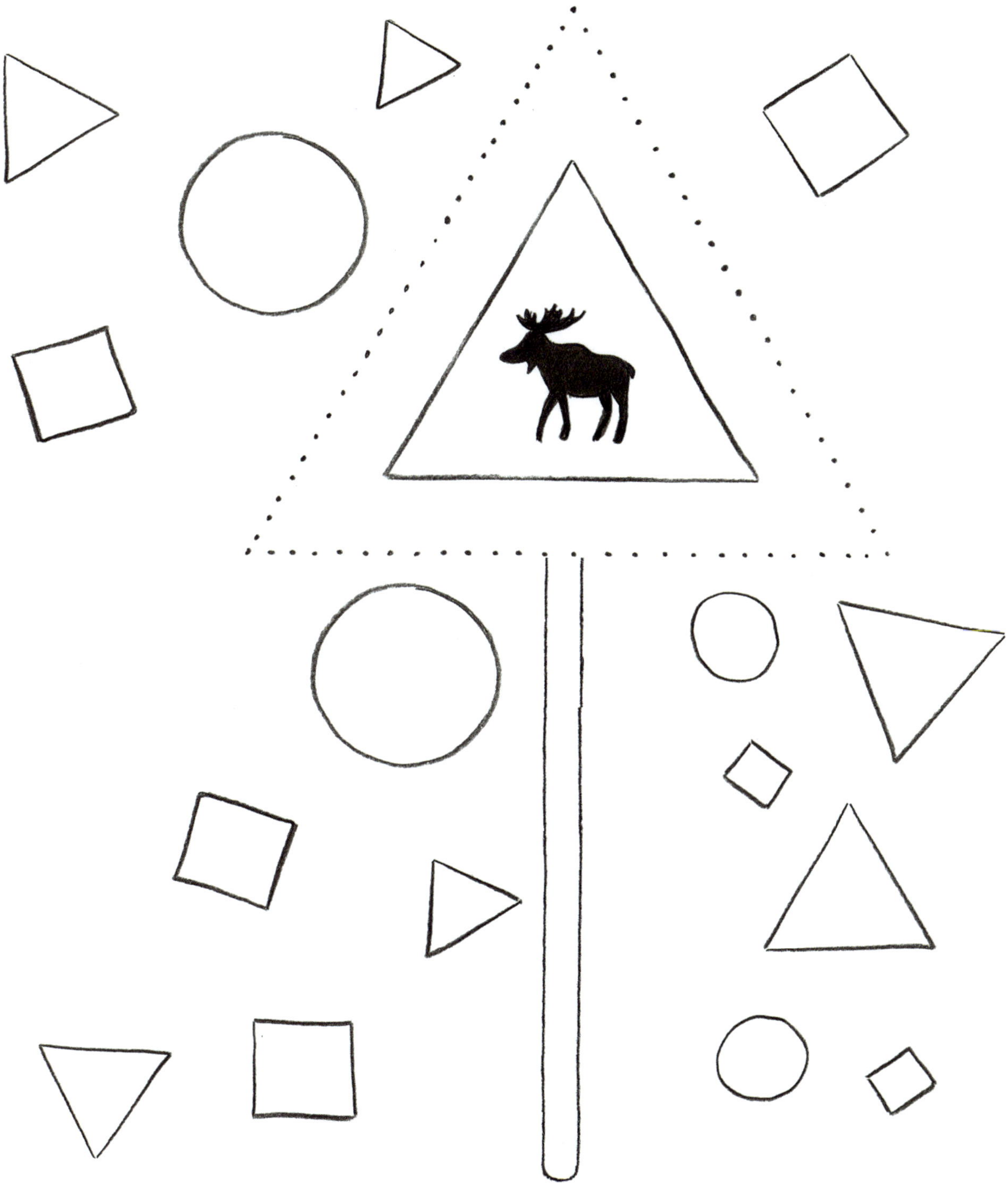

Immer 2 Bilder sollen gleich aussehen. Siehst du, was fehlt?
Zeichne die Bilder fertig.

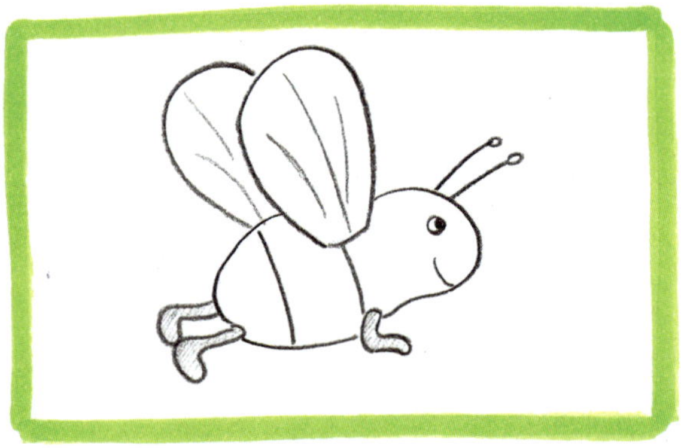

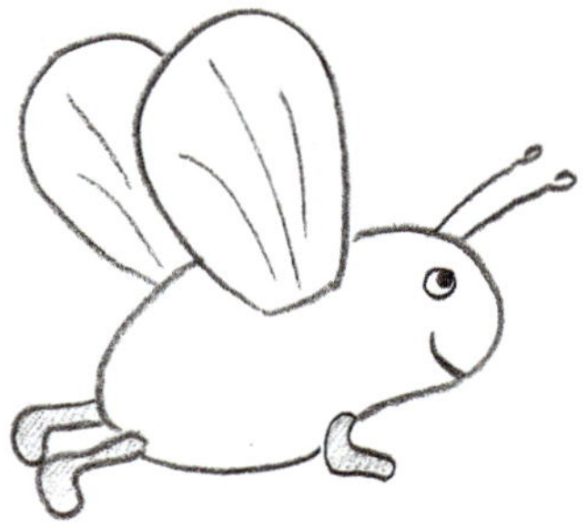

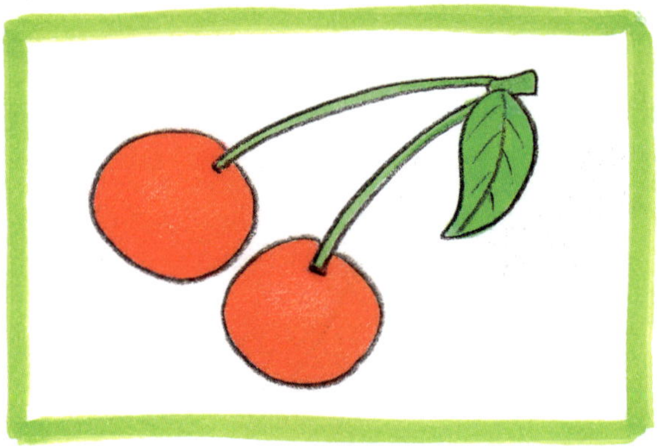

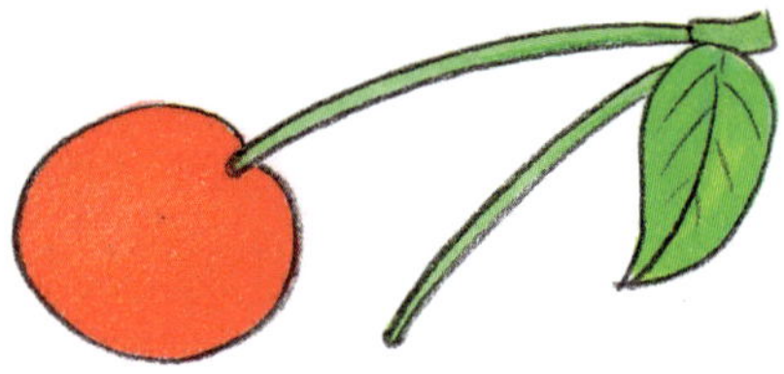

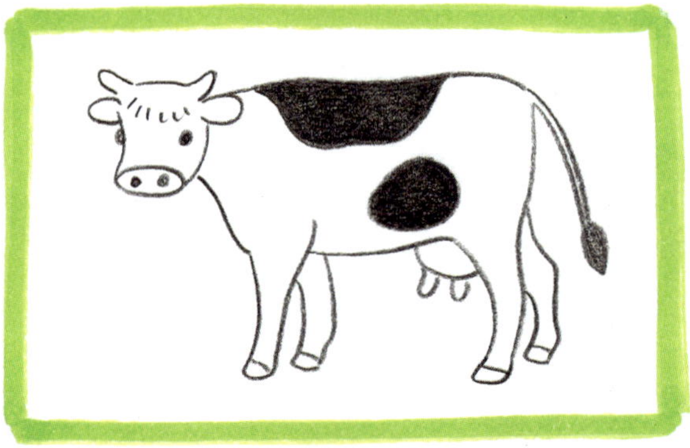

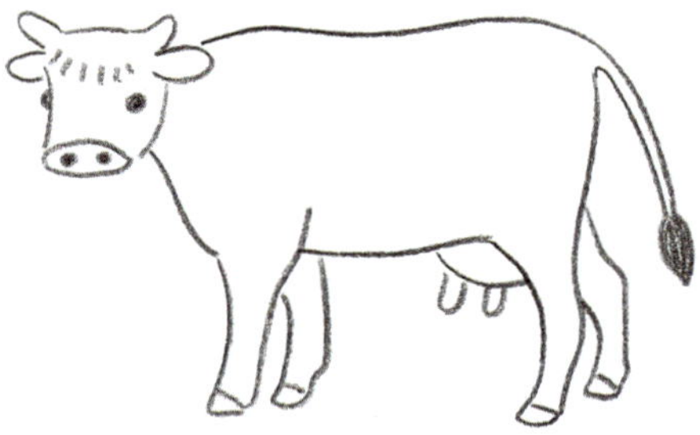

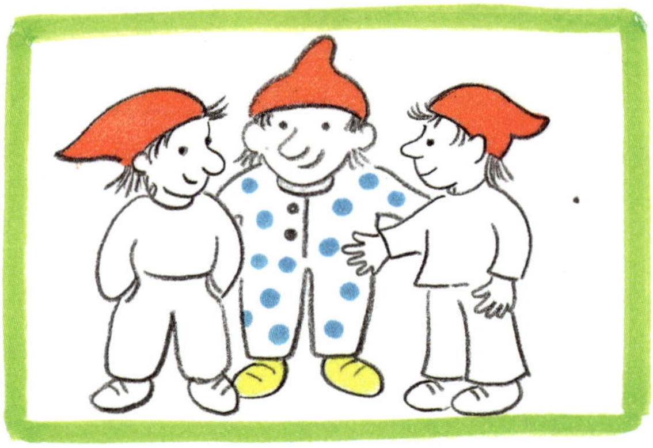

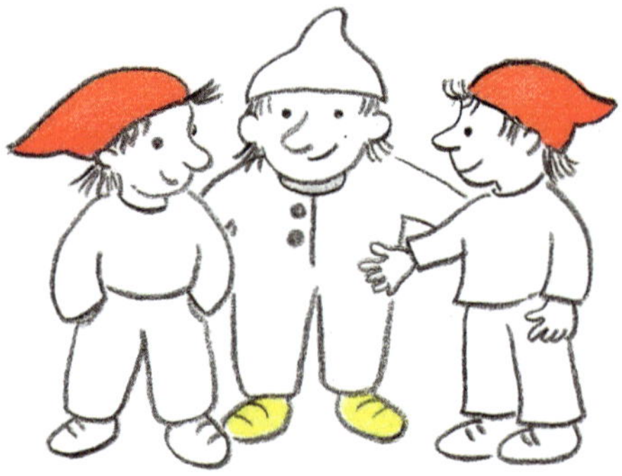

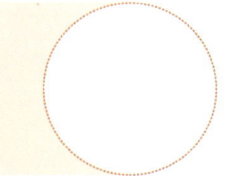

Die alte Dampflokomotive qualmt alles voll.
Zeichne noch mehr Rauch.

Zeichne die gepunkteten Linien nach.
Male unten alle Quadrate an.

Immer zwei Teile gehören zu einem Apfel.
Verbinde sie mit einer Linie.

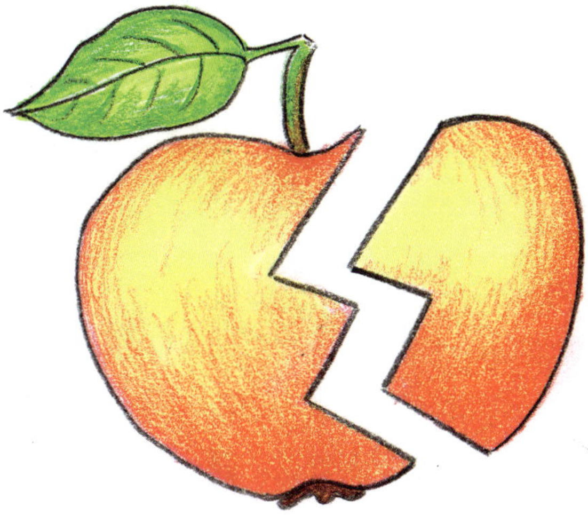

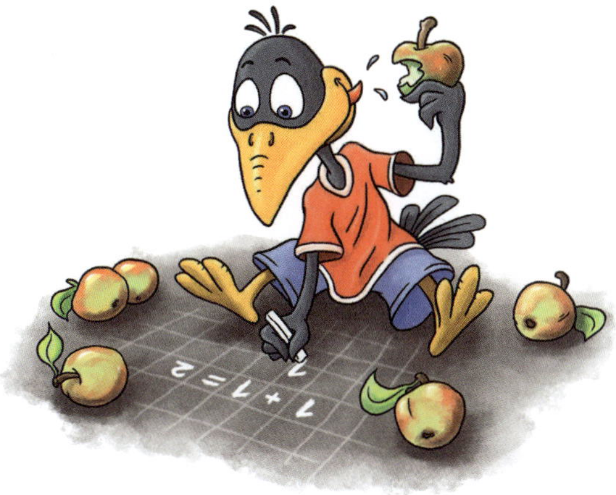

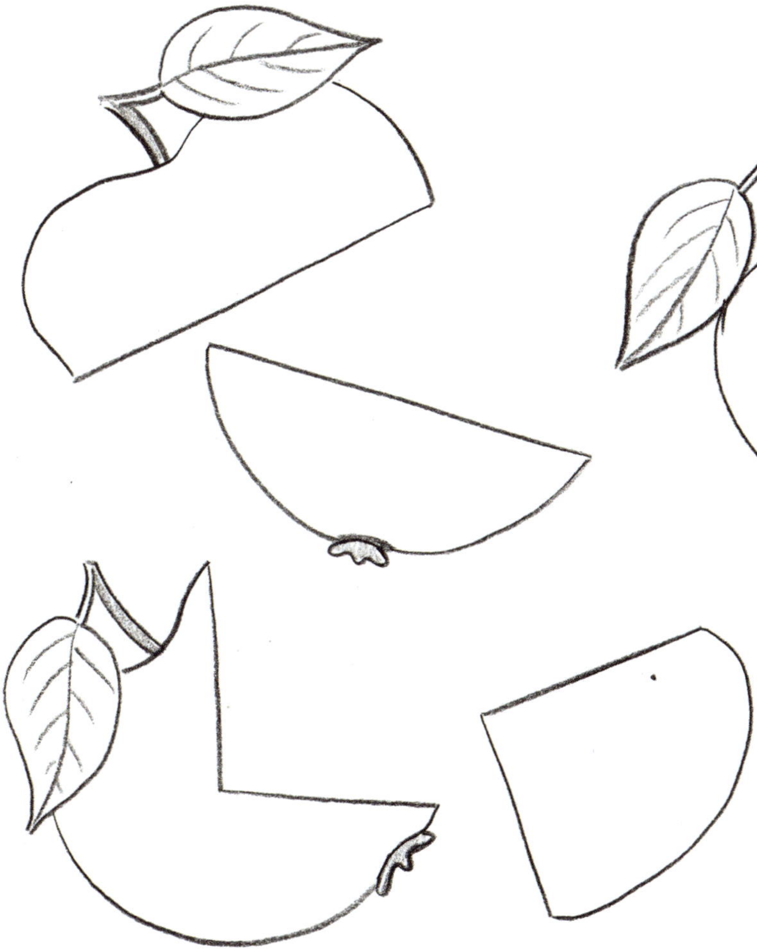

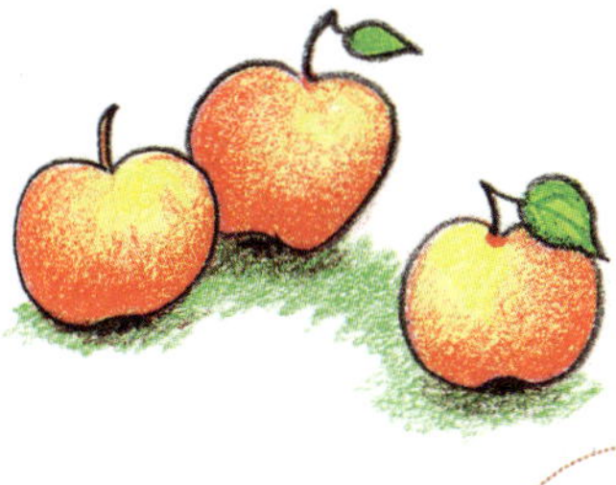

Zahlen

Schreibe die große **8** in verschiedenen Farben.
Achte auf die Schreibrichtung.
Kreise unten die Zahl **8** ein.

4 (8) 7 8
5 8 3 4 4 7
8 2 8 5 1 2
6 1 5 8
8 6 3 3 2 8
6 2 7 4 8
1

Zähle die Tiere und kreise die jeweils passende Zahl ein.

7	6	8
3	5	4

4	5	3
7	8	6

3	8	6
2	4	5

3	2	4
8	6	5

7	8	3
5	6	1

2	3	8
4	5	6

4	6	2
8	1	7

8	3	5
6	4	7

Buchstaben

Schreibe das große **L** in verschiedenen Farben.
Achte auf die Schreibrichtung.
Wo hörst du ein **L** am Anfang? Male an.

Unterschiede finden

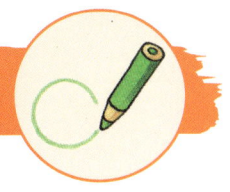

Vergleiche die beiden Bilder. Kreise die Unterschiede ein.

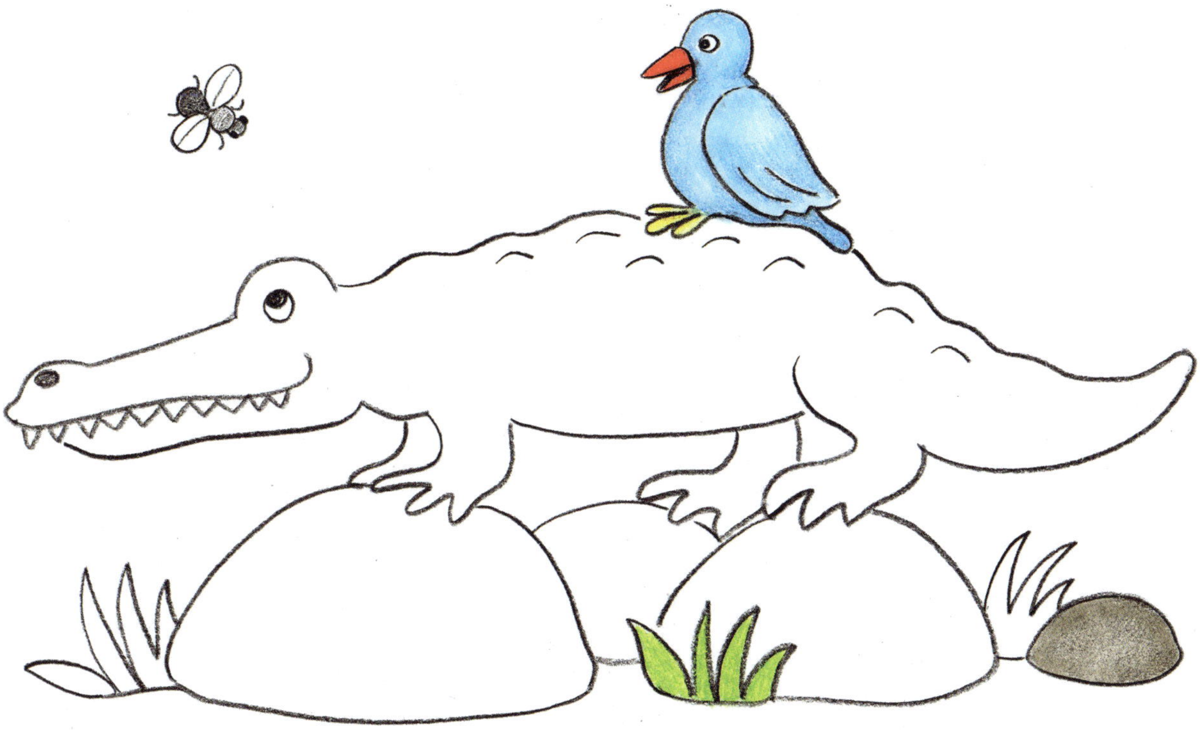

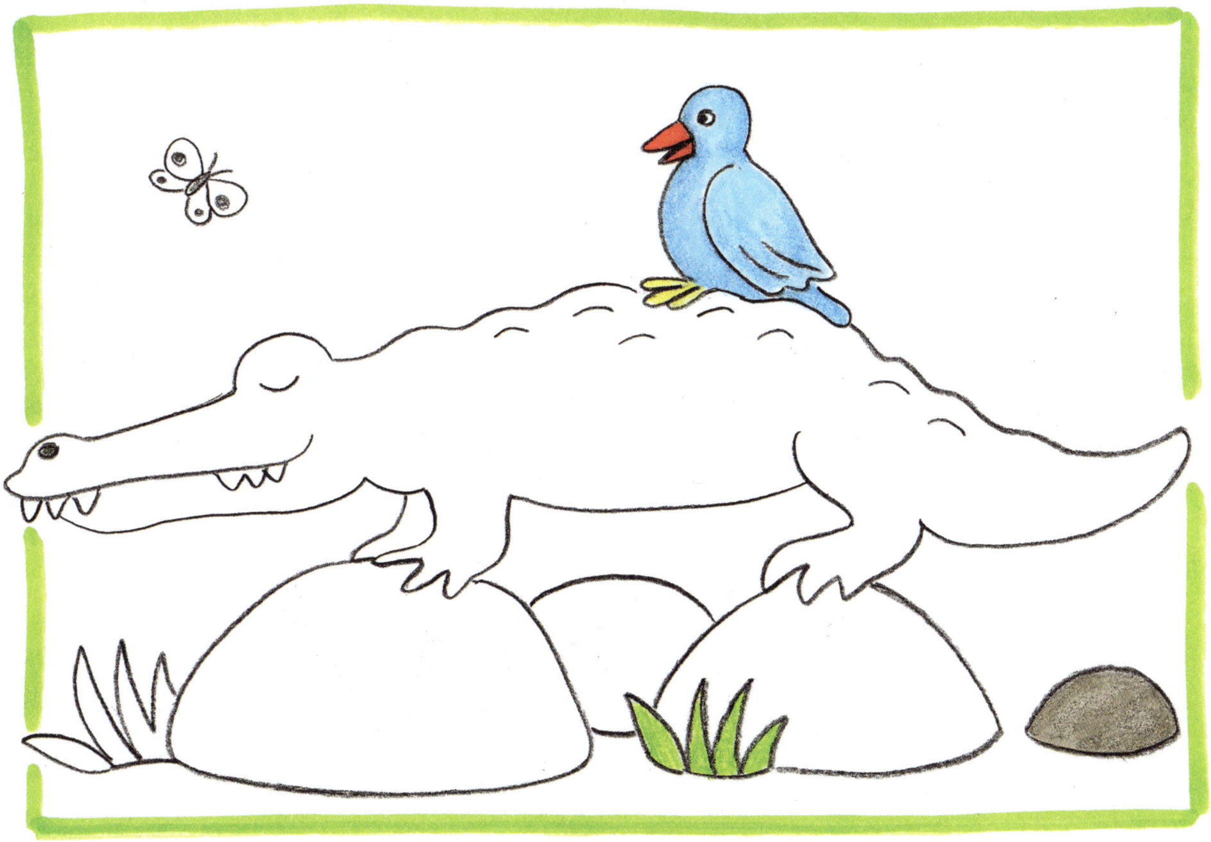

Linien ziehen

Achtung, der Kater will die Vögel fangen!
Welche zwei Linien musst du dick nachzeichnen,
damit er sich nicht heranschleichen kann?

Linien ziehen

Zeichne die gepunkteten Linien nach.

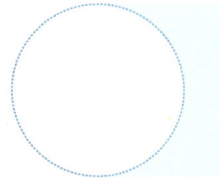

Zählen

Male alle Würfel mit gleicher Punktezahl in derselben Farbe an. Welche Zahl wurde am häufigsten gewürfelt?

Schreibe jedes **M** in verschiedenen Farben.
Achte auf die Schreibrichtung.

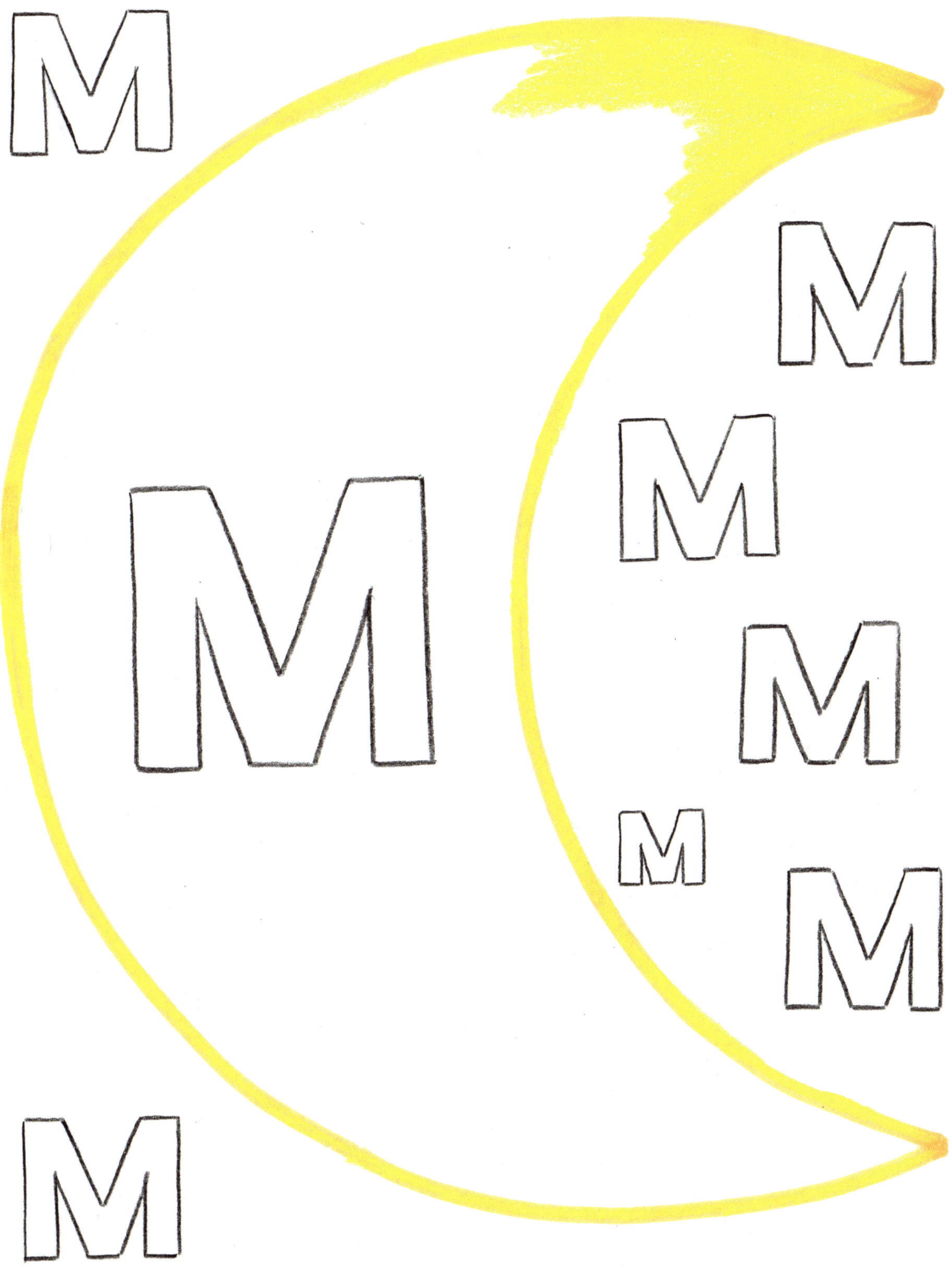

Schreibe die große **9** in verschiedenen Farben.
Achte auf die Schreibrichtung.

Wovon gibt es genau 9? Kreuze an.

Zähle die Tiere. Schreibe die jeweils passende Zahl auf.

7

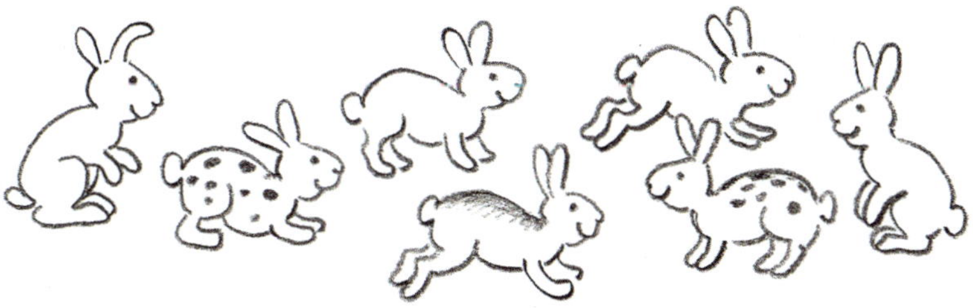

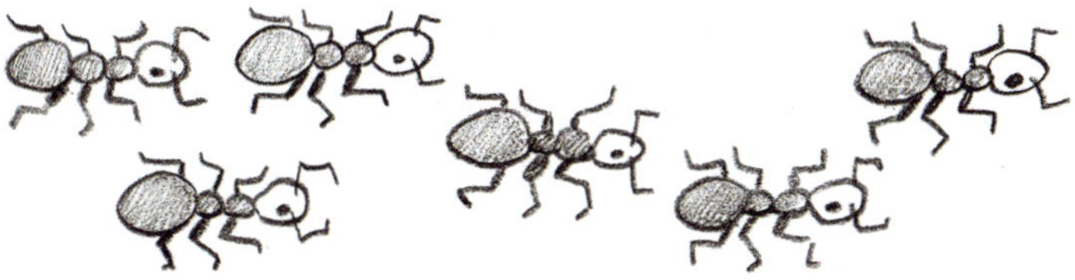

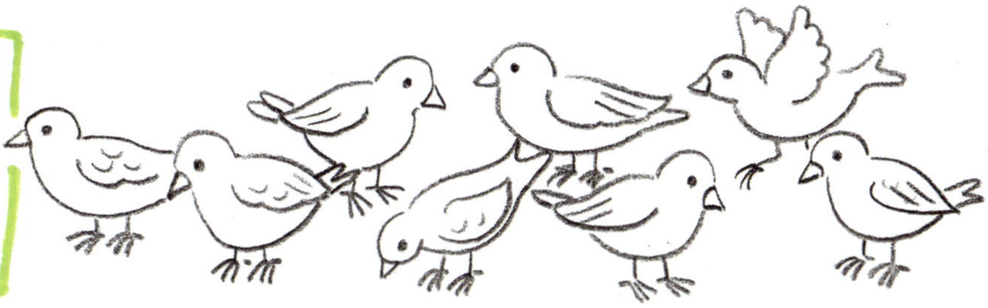

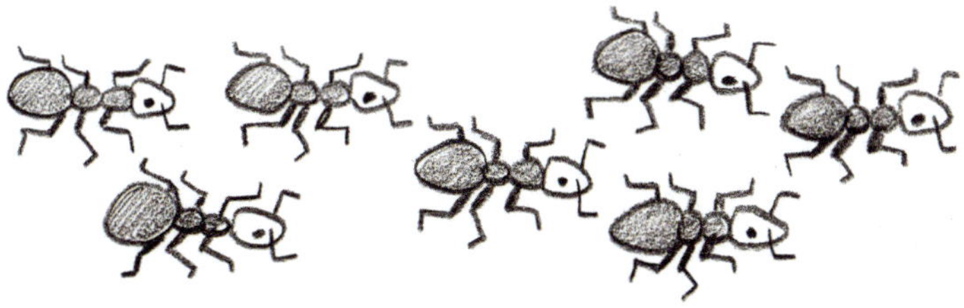

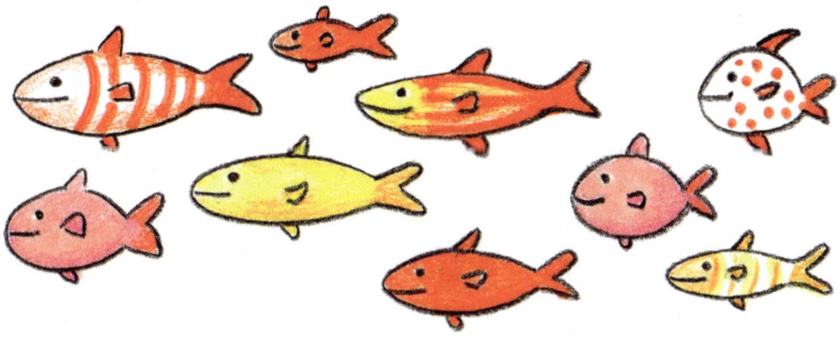

75

Zählen

Schreibe die große **10** in verschiedenen Farben.
Achte auf die Schreibrichtung.

Kreise die Zahl **10** ein.

Zahlen

Zähle und schreibe die jeweils passende Zahl auf.

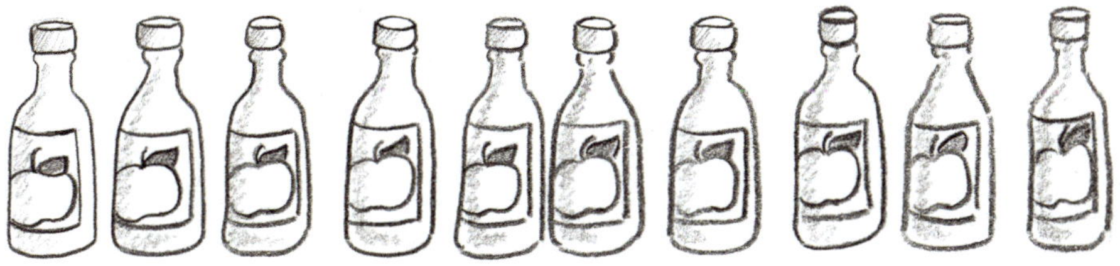

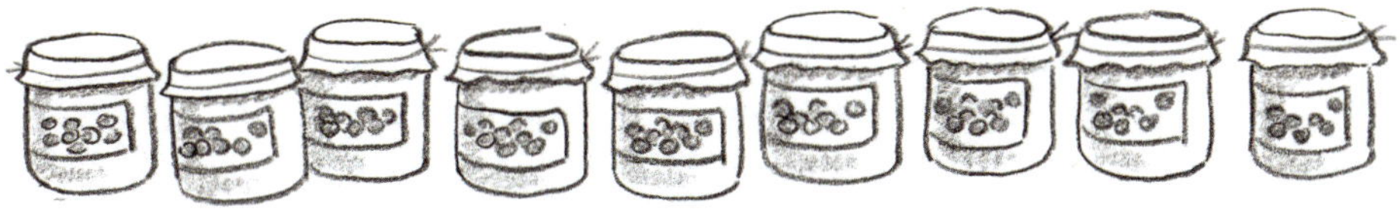

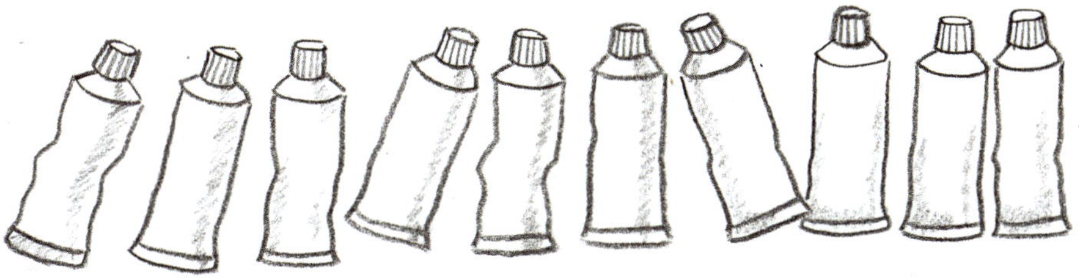

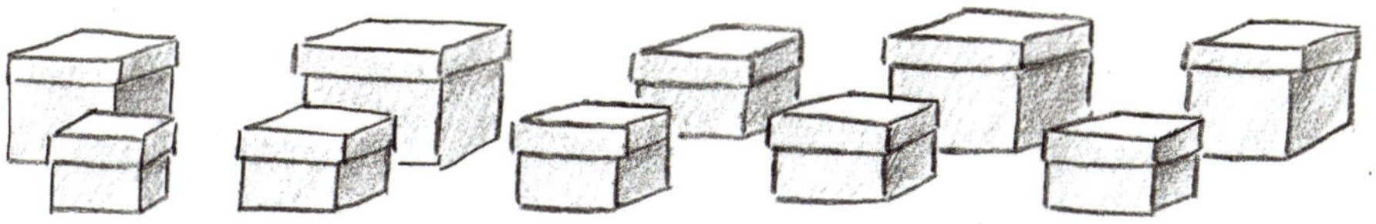

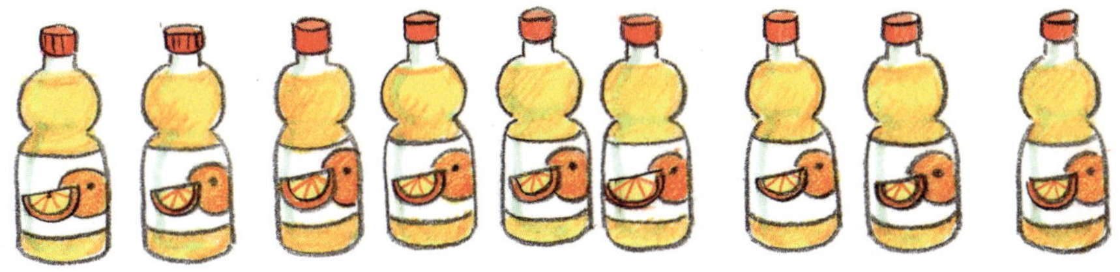

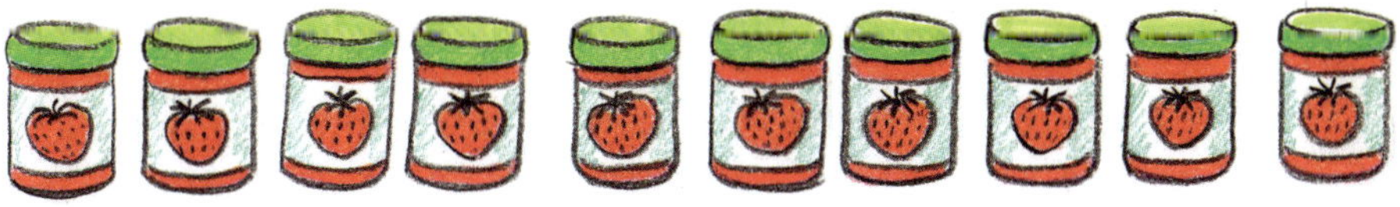

Schreibe das große **N** in verschiedenen Farben.
Achte auf die Schreibrichtung.
Kreise den Buchstaben **N** ein.

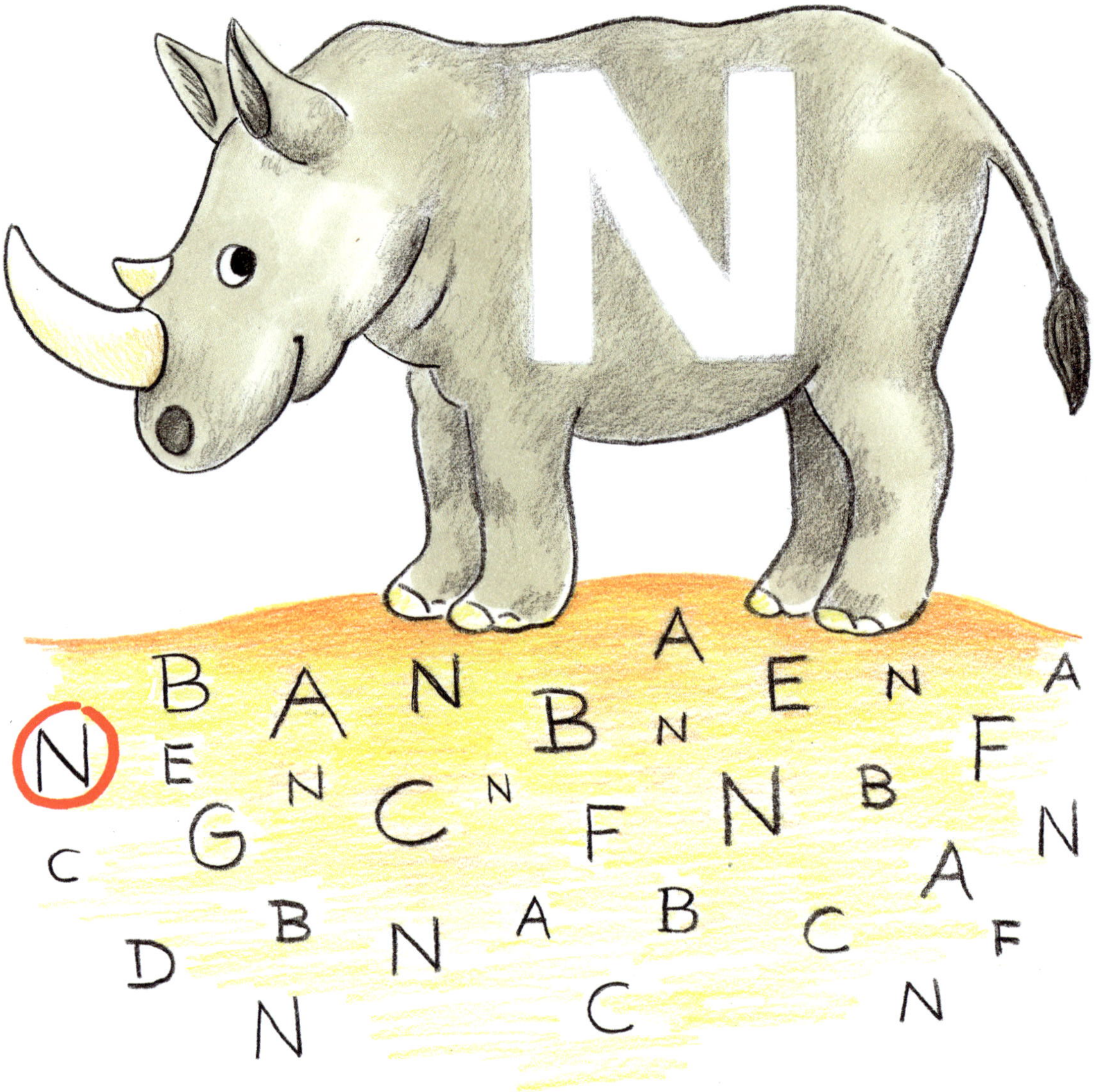

Was passt nicht? Streiche weg.

N	N	N	N	Z	N

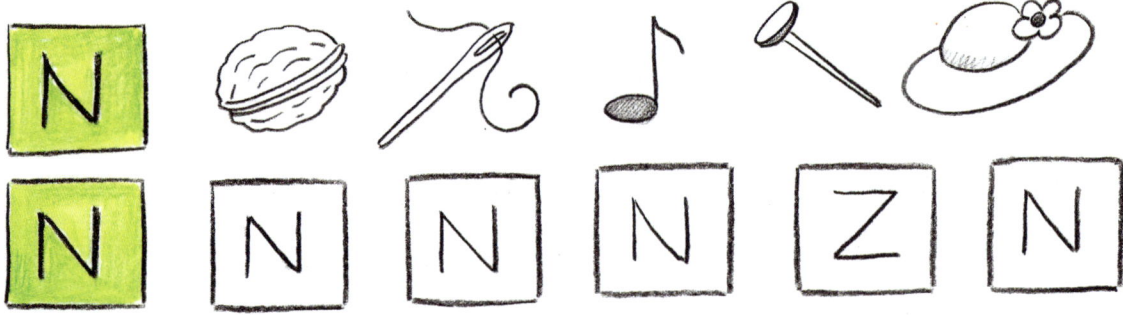

Labyrinth

Wie kommt der kleine Elefant zu seiner Herde?
Zeichne seinen Weg ein.

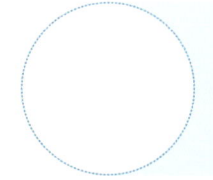

Zeichne die gepunkteten Linien nach.

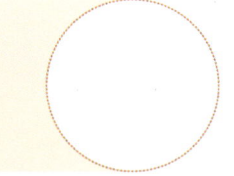

Buchstaben

Schreibe das große **O** in verschiedenen Farben.
Achte auf die Schreibrichtung.
Kreise den Buchstaben **O** ein.

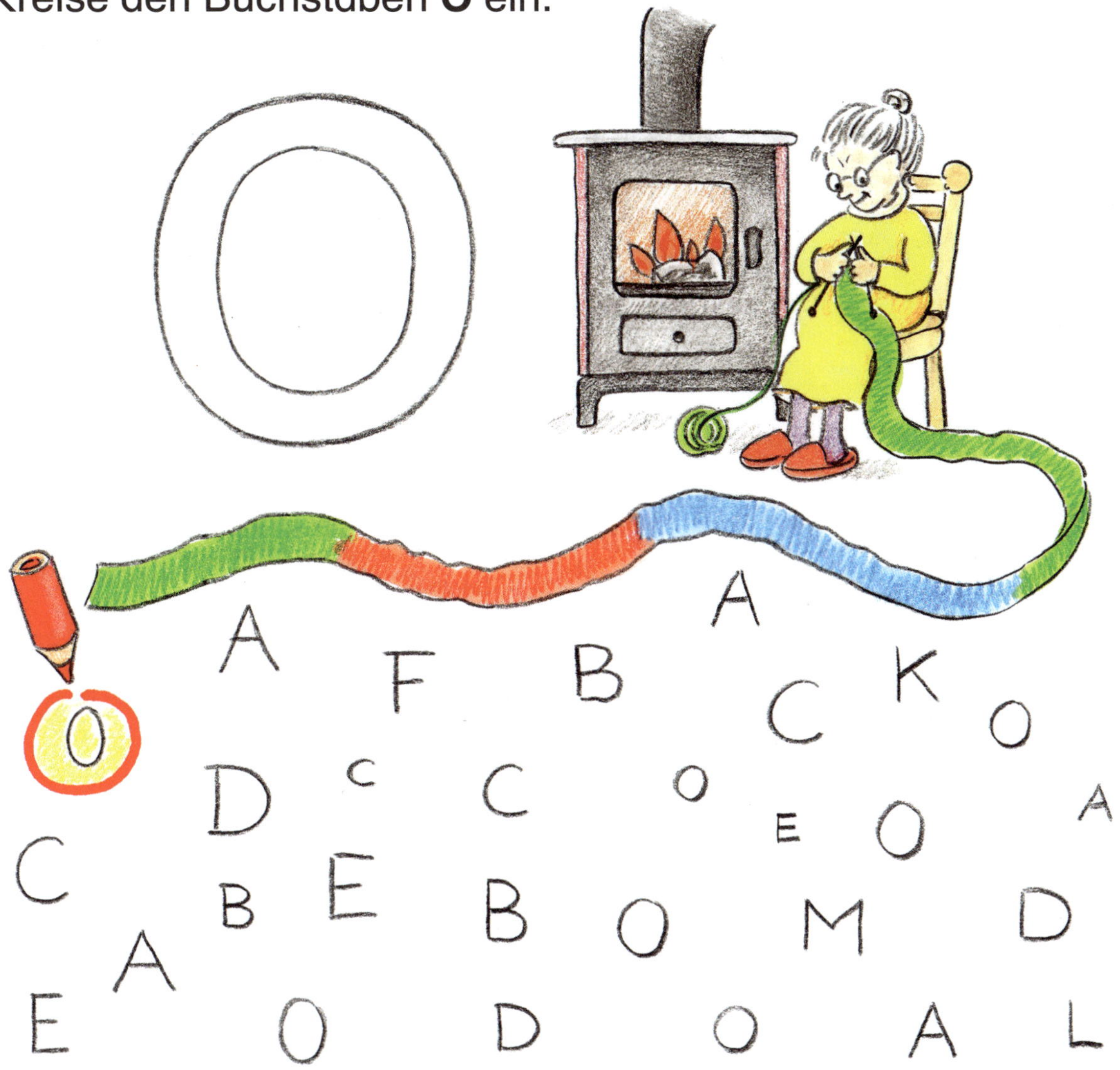

Wo hörst du ein **O** am Anfang? Male an.

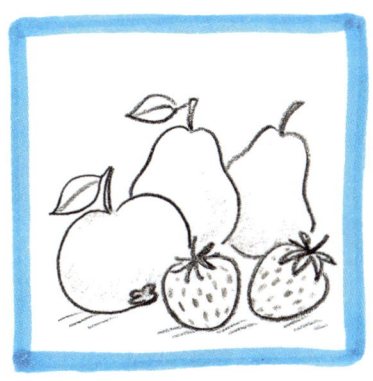

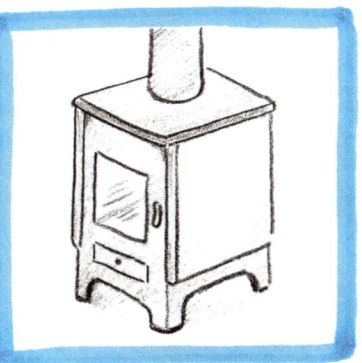

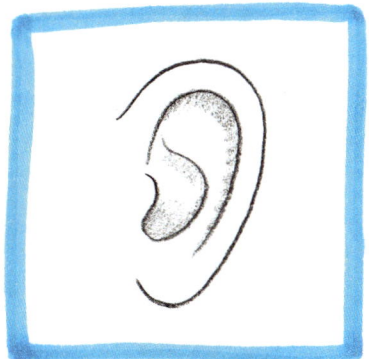

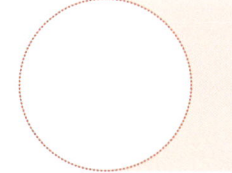

Paare finden

Verbinde jedes Tier mit seinem Schatten.

Male die Punkte neben den Zahlen an.

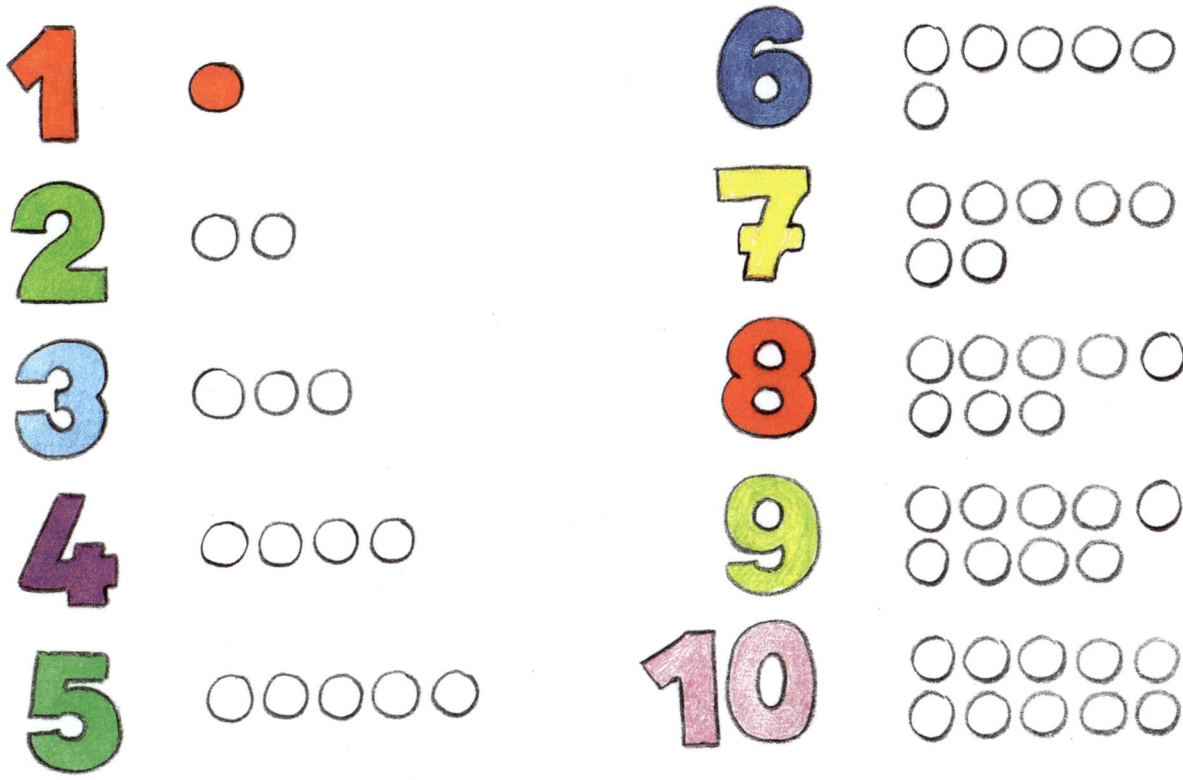

Verbinde die Punkte von 1 bis 10.

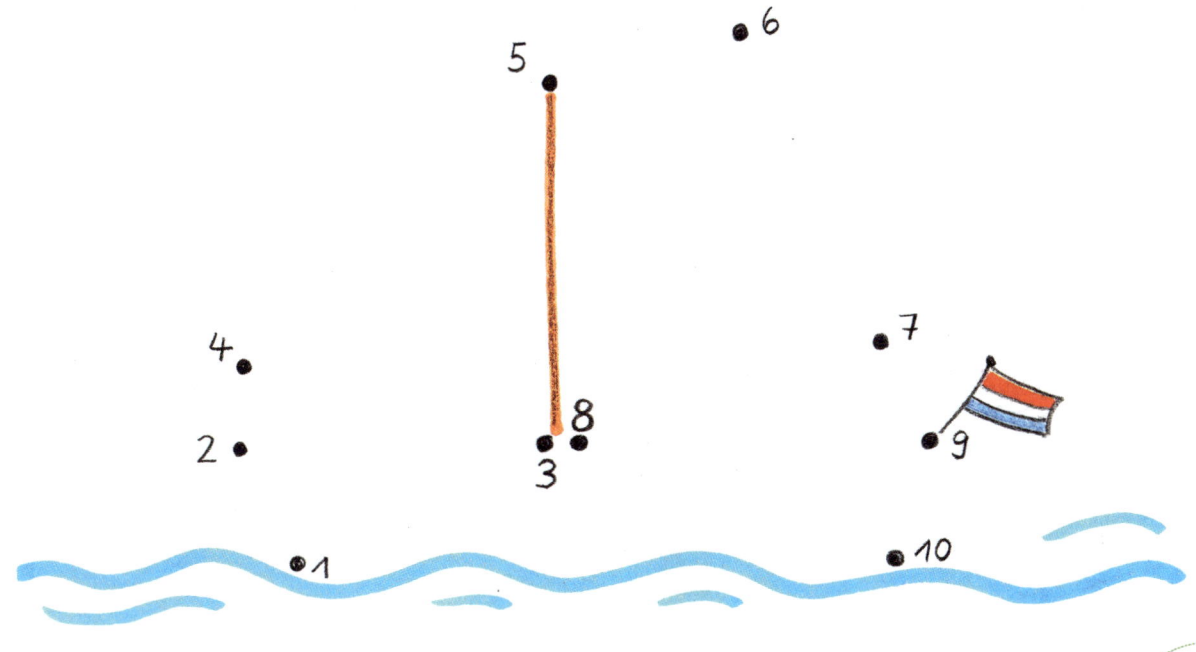

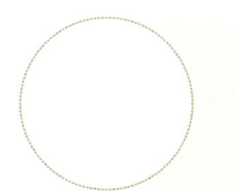

 Ein Pinguin ist anders als die übrigen. Kreise ihn ein.

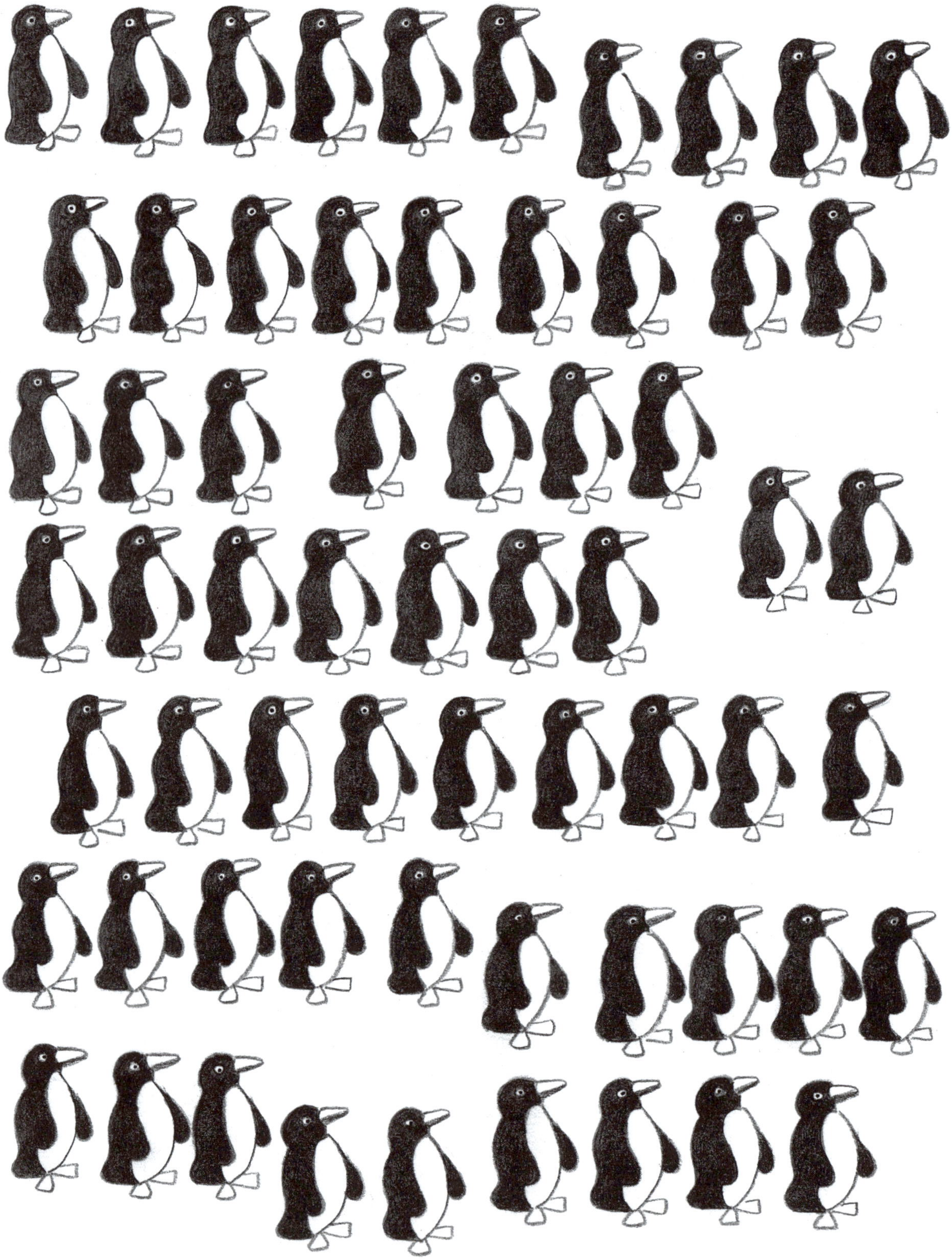

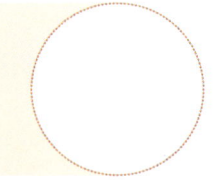

Schreibe das große **P** in verschiedenen Farben.
Achte auf die Schreibrichtung.
Male alle Pakete bunt an.

Schreibe das große **Qu** in verschiedenen Farben.
Achte auf die Schreibrichtung.
Wie viele Quallen siehst du?

Fehler finden

In jeder Reihe passt ein Bild nicht zu den anderen.
Streiche es weg.

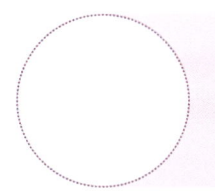

Male die Bilder an.

Verbinde die Punkte von 1 bis 30.

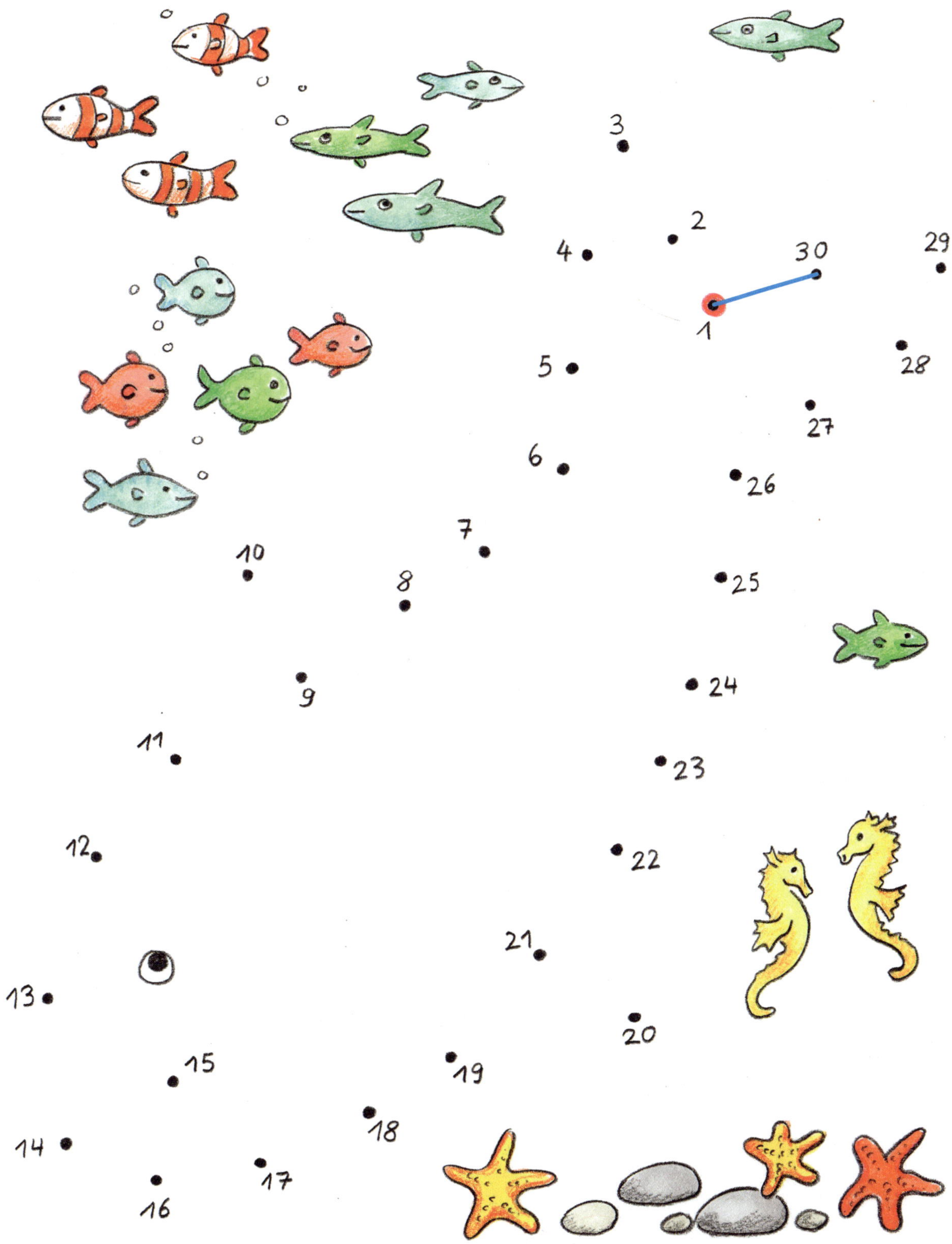

Zählen

Zähle die Tiere. Schreibe in jedes Feld die passende Zahl.

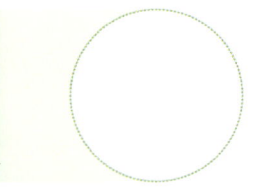

Linien ziehen

Die Schnecken haben kein Schneckenhaus. Zeichne es ein.

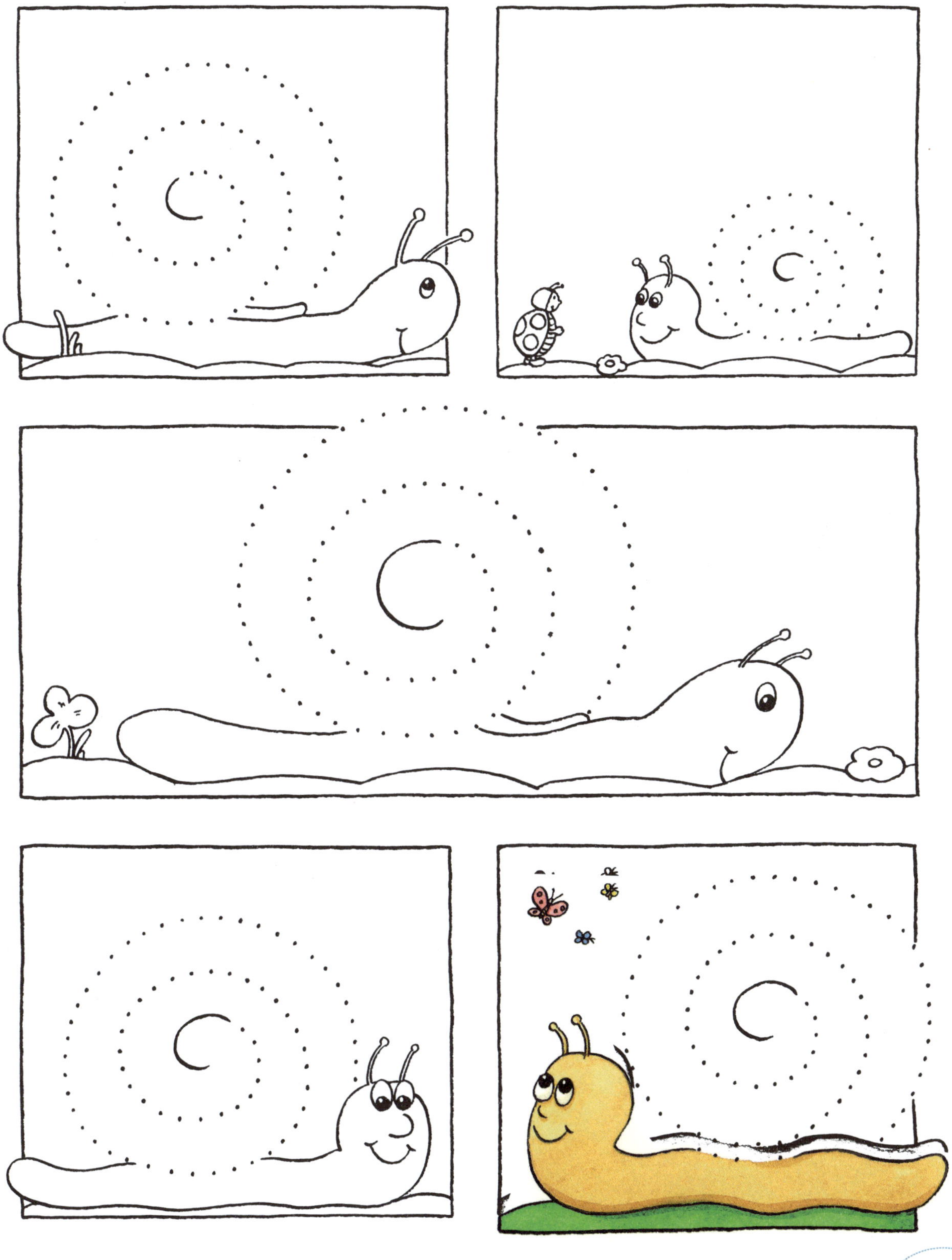

Welche Wörter haben nur eine Silbe? Kreuze sie an.

Fehler finden

 Die Bilder sind fast gleich. Findest du einen Unterschied?

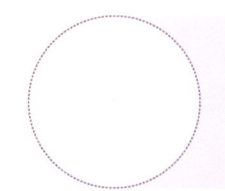

Schreibe das große **R** in verschiedenen Farben.
Achte auf die Schreibrichtung.

Kreise den Buchstaben **R** ein.

Ein Radieschen ist anders als die übrigen. Kreise es ein.

Schreibe das große **S** in verschiedenen Farben.
Achte auf die Schreibrichtung.
Kreise den Buchstaben **S** ein.

S

R I
T S B
T L S R
S W
O E V S
Z
G C S S A O
S
B M B S
K S M N
V S G
B

95

Wie heißt die Farbe? Findest du den Namen im Buchstabengitter? Male die passenden Felder an.

BLAU

R	W	X	B	C
D	K	M	I	S
E	F	G	H	P
T	B	L	A	U

ROT

P	G	F	E	L
H	A	Z	M	K
I	R	O	T	U
S	B	D	C	J

GRÜN

A	P	W	Z	O
H	B	F	D	E
X	I	C	S	M
G	R	Ü	N	T

GELB

A	F	H	O	N
P	G	E	L	B
C	T	I	J	S
D	X	K	W	R

Zähle und ergänze die Zahlen. Rechne die Aufgaben.

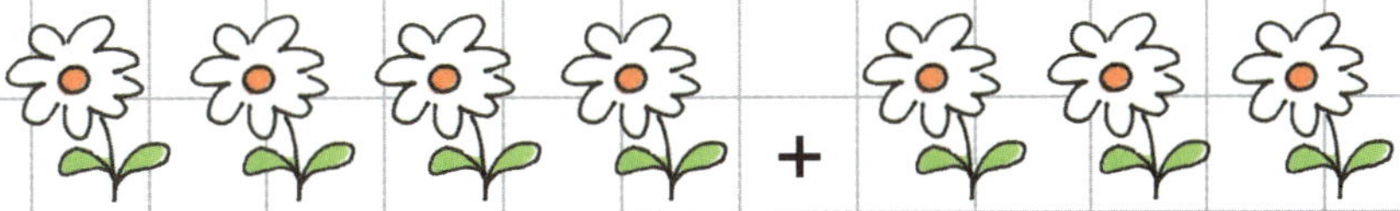

4 + 3 =

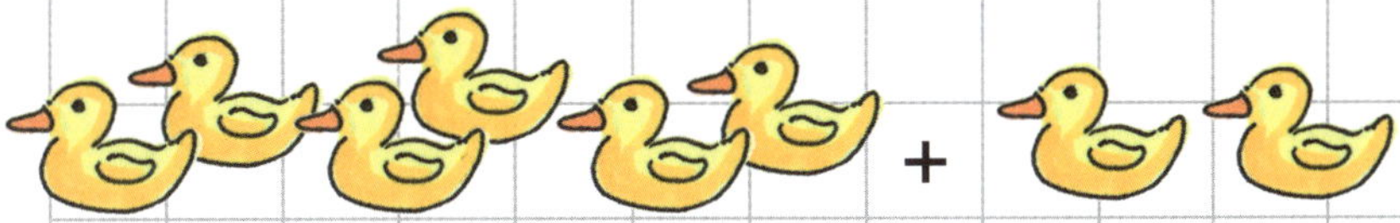

+

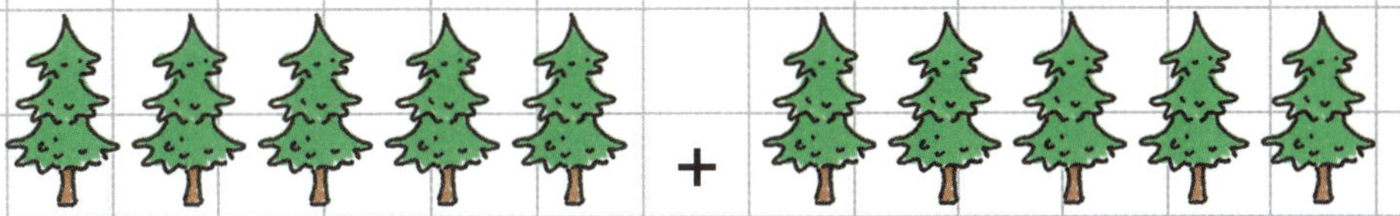

+ =

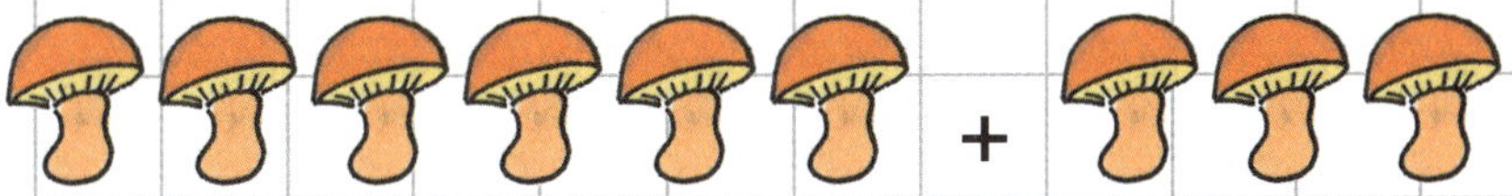

+

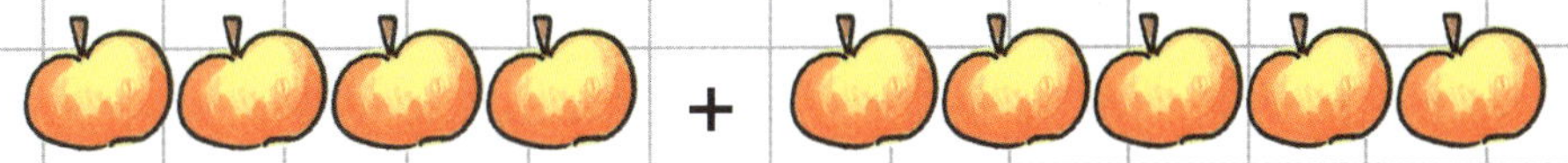

+ =

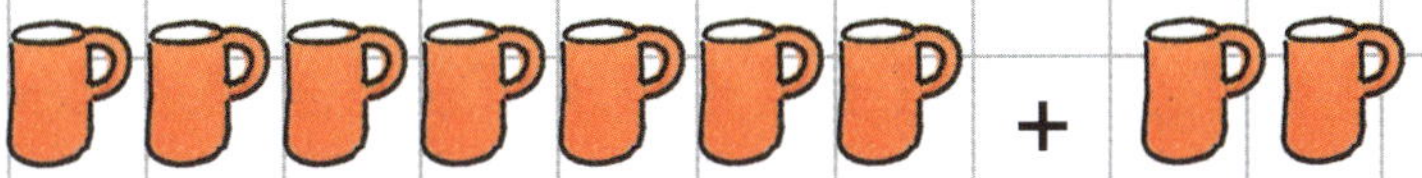

+

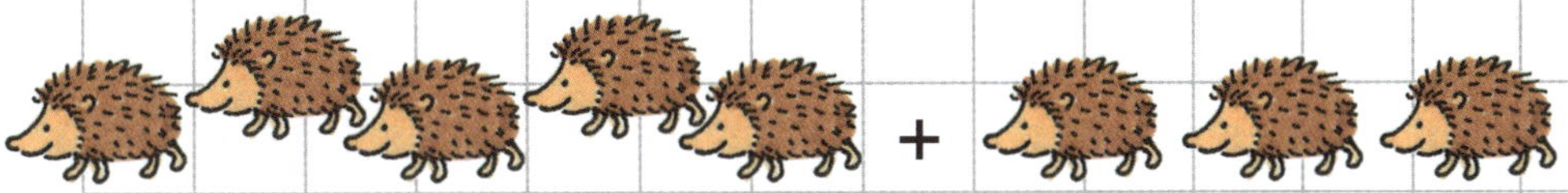

+ =

+

+ =

+

+ =

+

+ =

97

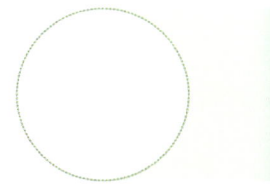

Formen

In jeder Reihe sieht ein Form aus wie die erste. Male sie an.

Schreibe das große **T** in verschiedenen Farben.
Achte auf die Schreibrichtung.

 Wo hörst du ein **T** am Anfang? Male an.

Paare finden

 Suche alle Paare. Ein Tier gibt es nur einmal. Kreise es ein.

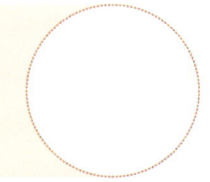

Wie viele Frösche sind es?
Zähle und rechne die Aufgaben. Schreibe das Ergebnis auf.

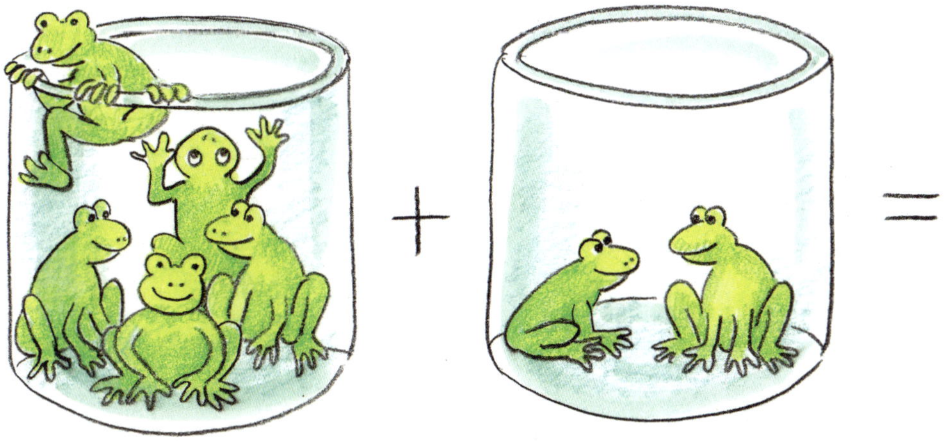

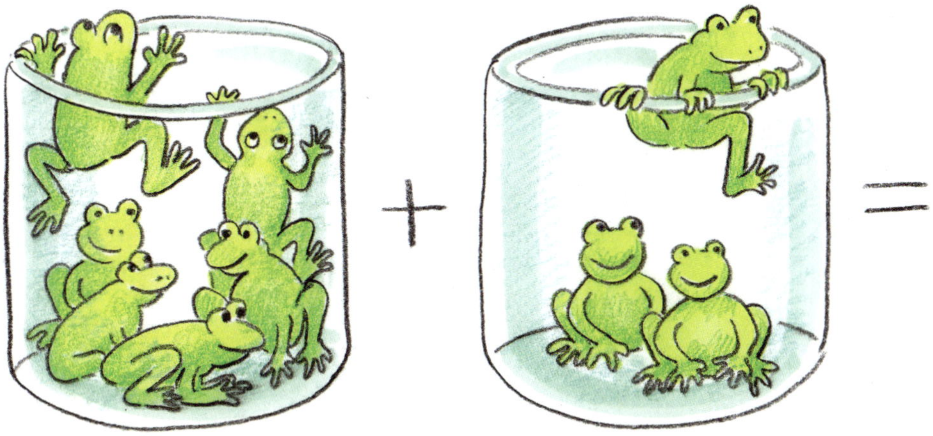

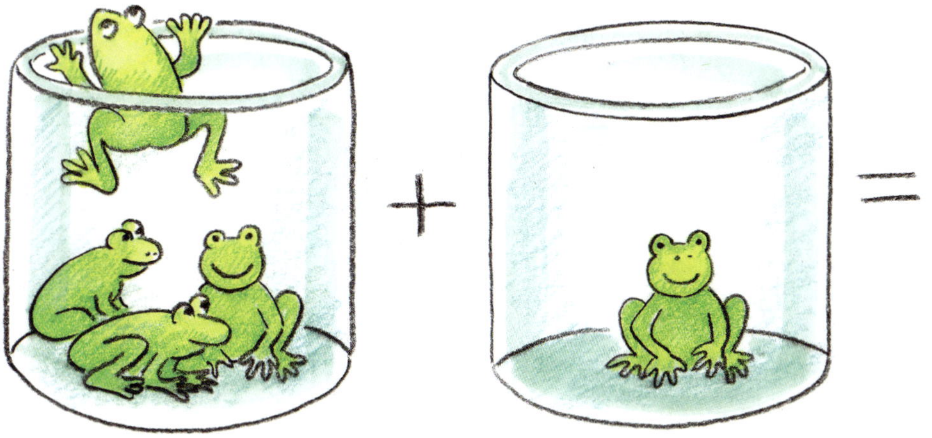

$+$ $=$

$+$ $=$

$+$ $=$

Schreibe das große **U** in verschiedenen Farben.
Achte auf die Schreibrichtung.
Welche Uhr gibt es nur einmal?

Schreibe das Wort **UHU**. Kreise unten den Buchstaben **U** ein.

UHU

U C U B O L
A E U H U J
D U O
U O F J A I U K U
G U L U M
A U E U O

103

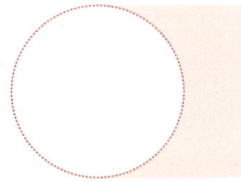

Genau hinsehen

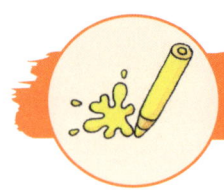

Welche Vögel fliegen nach links? Male sie an.

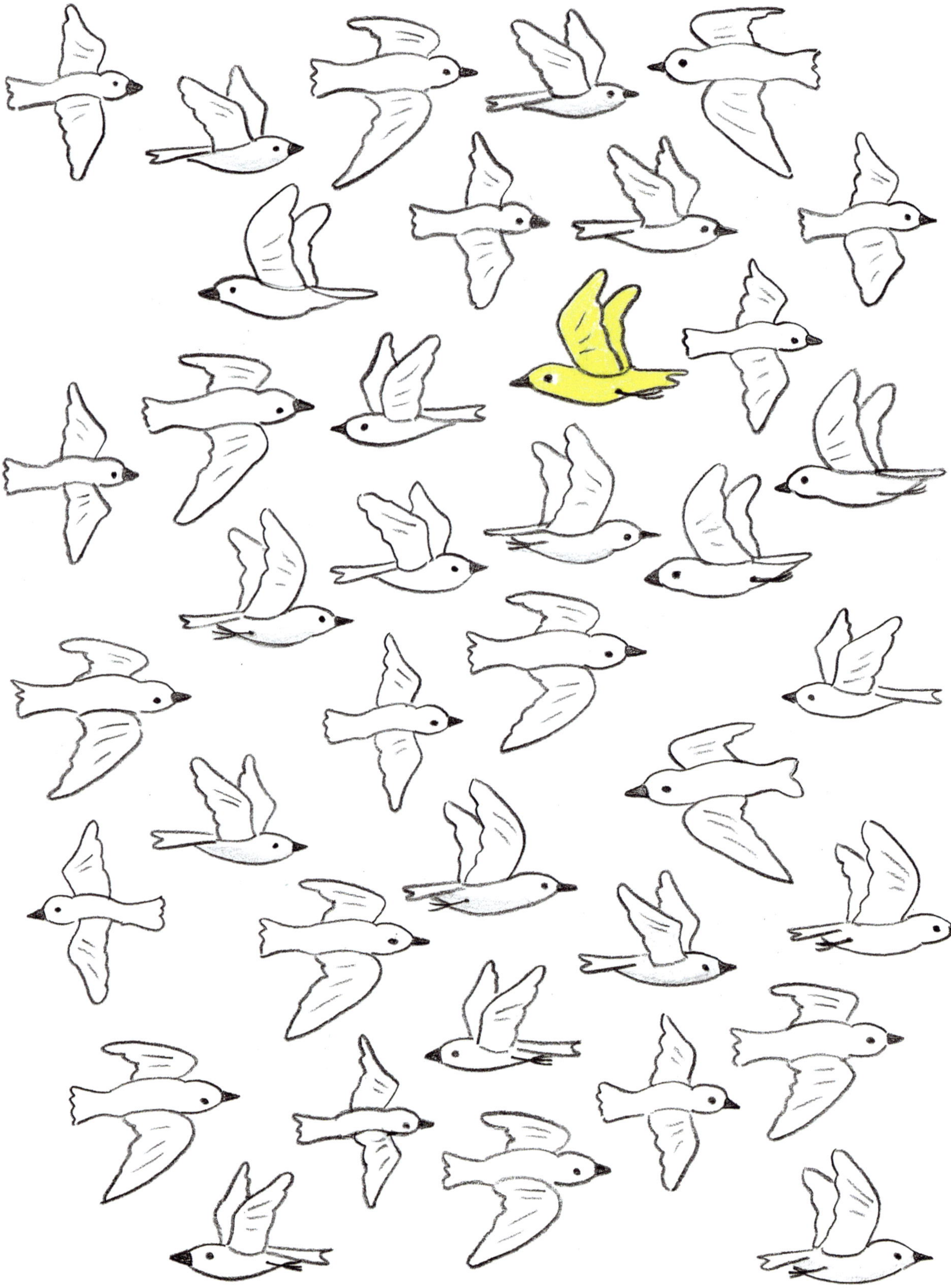

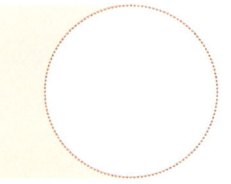

Schreibe das große **V** in verschiedenen Farben.
Achte auf die Schreibrichtung.

Ziehe die gepunkteten Linien nach.

 Welches Teil passt? Kreuze es an.

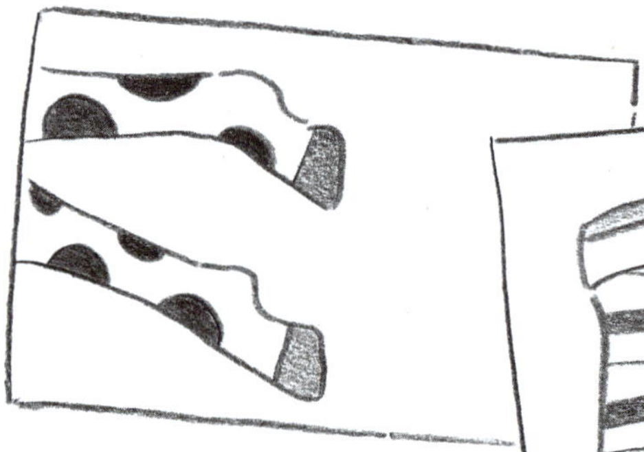

Punkte verbinden

Verbinde die Punkte mit einer Linie.

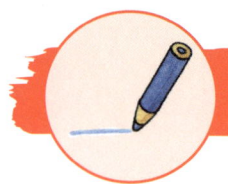

Silben

Wie viele Silben haben die Wörter?
Ziehe für jede Silbe einen Strich.

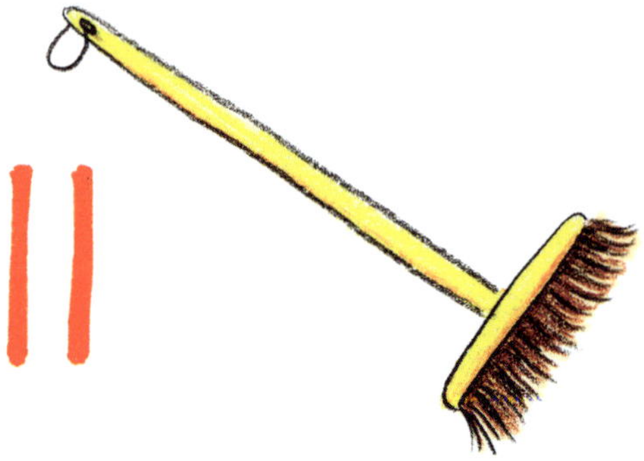

||

 Was gehört zu wem? Verbinde jede Karte mit dem passenden Tier.

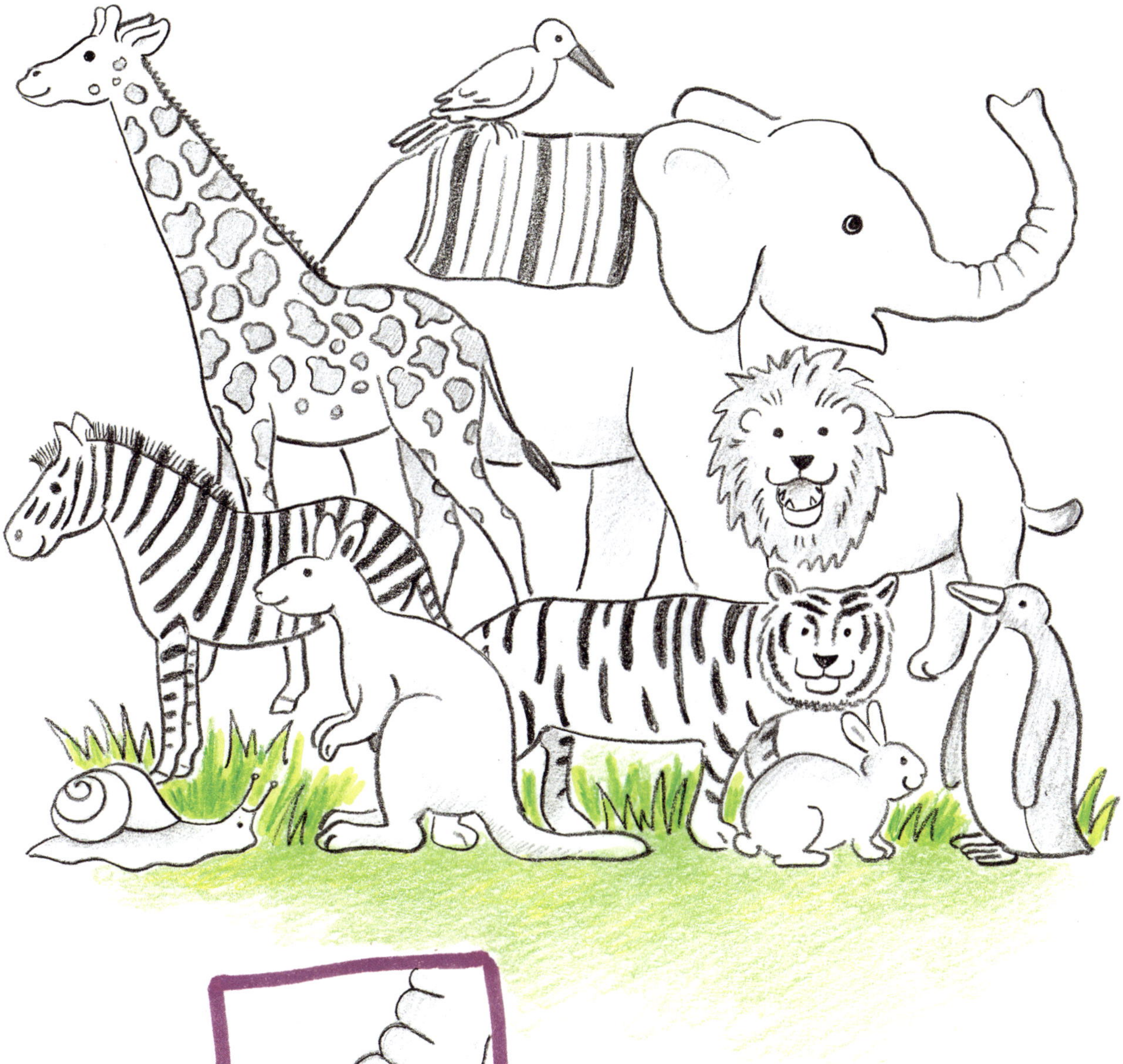

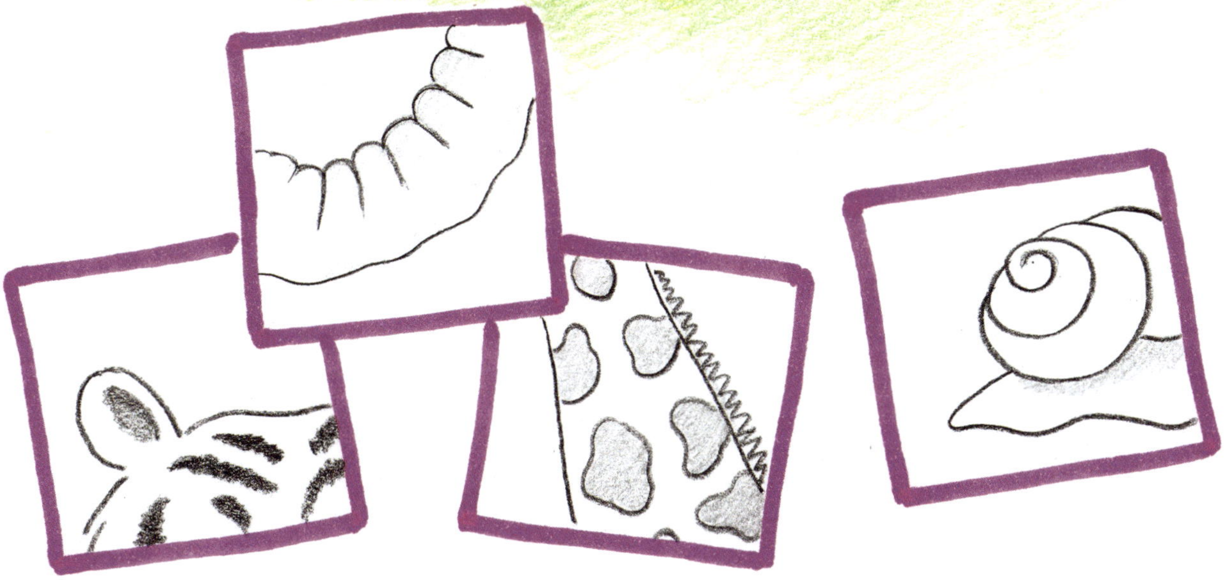

Paare finden

 In jeder Reihe sieht ein Ding aus wie das erste.
Kreise es ein.

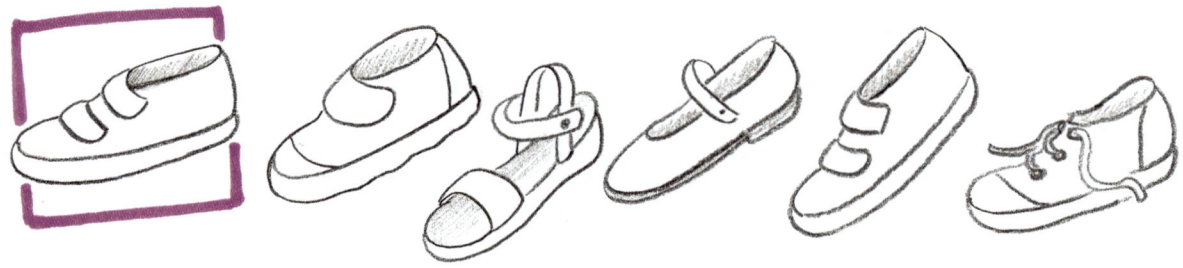

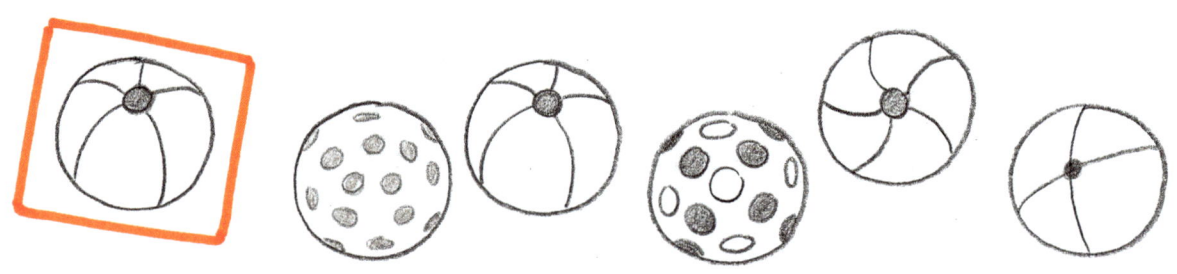

Schreibe jedes **W** in verschiedenen Farben.
Achte auf die Schreibrichtung.

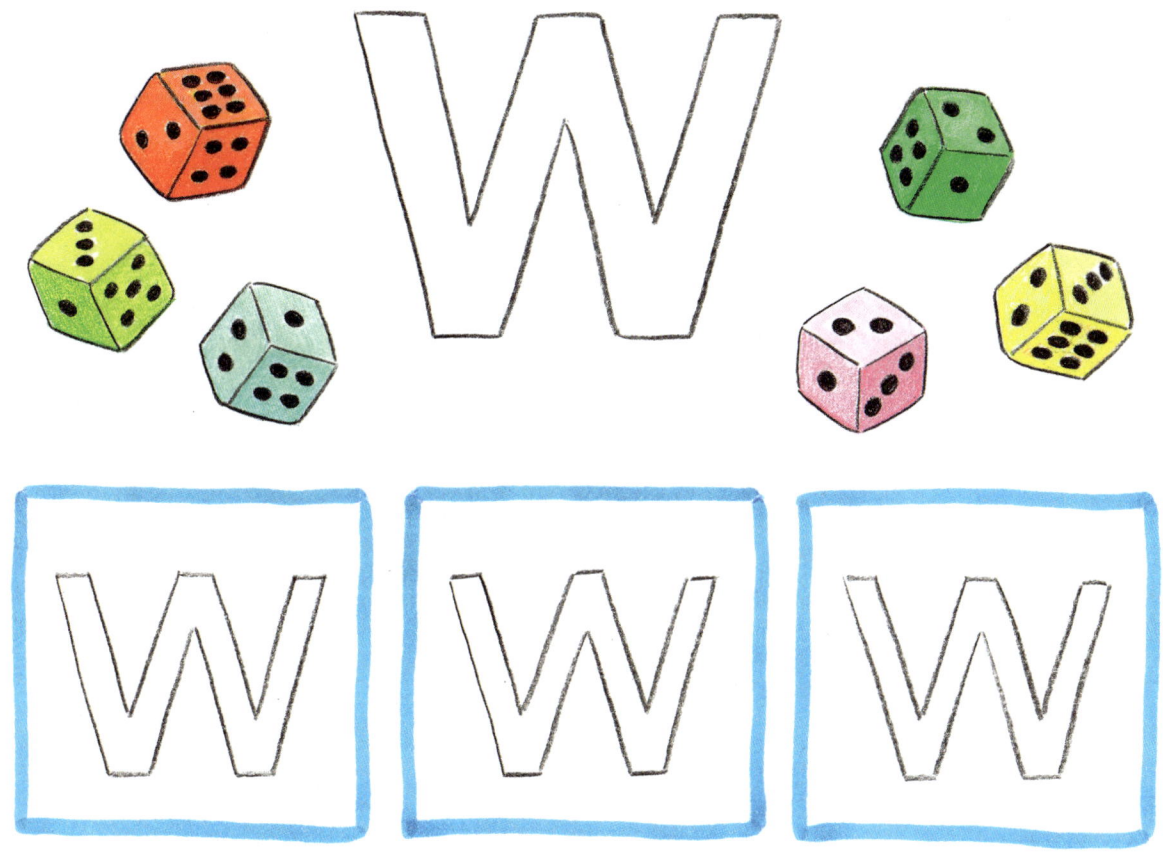

 Wo hörst du ein **W** am Anfang? Male an.

Kreise den Buchstaben **W** ein.

Fehler finden

In jeder Reihe passt ein Bild nicht zu den anderen.
Streiche es weg.

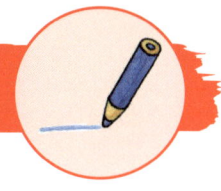

Welche Buchstaben sind gleich? Verbinde sie mit einer Linie.

I

G

T

L

R

G
M
I
T
H
L
R
F
P
K

M

H

F

K

P

Schreibe das große **X** in verschiedenen Farben.
Achte auf die Schreibrichtung.

HE**X**E

X

Kreise überall den Buchstaben **X** ein.

X L X X V A
X X V A X V
L A X V E L V

AXT TAXI MIXER

Verbinde die Punkte von 1 bis 17.

16

2

17

1

15

14

3

4

13

5

6

11

12

7

9

10

8

115

Schreibe jedes große **Y** in verschiedenen Farben.
Achte auf die Schreibrichtung.
Kreise in allen Wörtern den Buchstaben **Y** ein.

YACHT

Y

PYRAMIDE

YETI

PONY

Y Y Y Y

Schreibe das große **Z** in verschiedenen Farben.
Achte auf die Schreibrichtung.
Welches Zebra ist anders als die übrigen? Kreise es ein.

Kreise den Buchstaben **Z** ein.

Z Z Z V N Z L A Z N Z

Malen nach Zahlen

Male die Felder in den passenden Farben an.

1 2 3 4 5 6

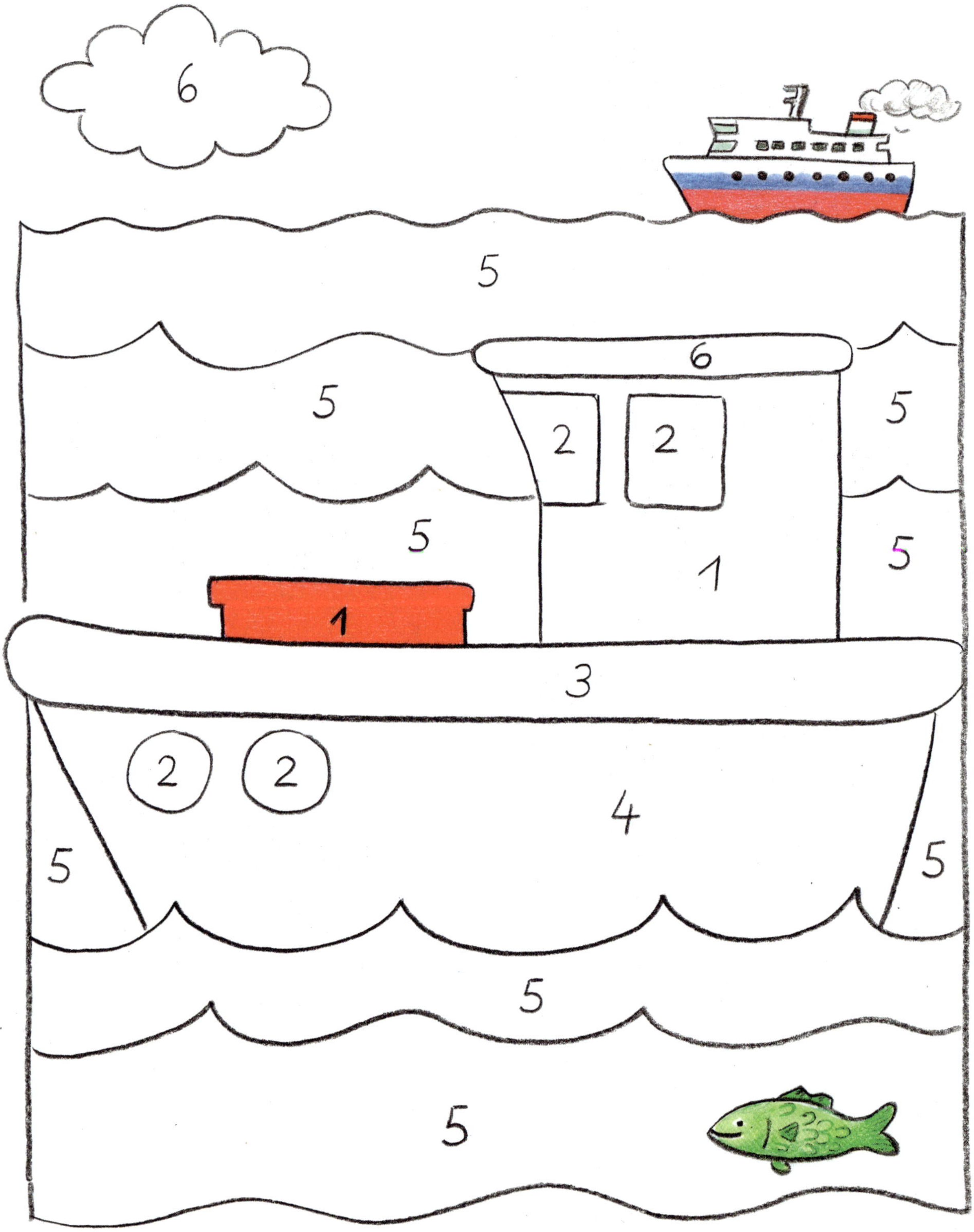
6
5
6
5
2
2
5
5
1
5
1
3
2
2
4
5
5
5
5

In jeder Reihe ist ein Bild falsch.
Streiche es weg.

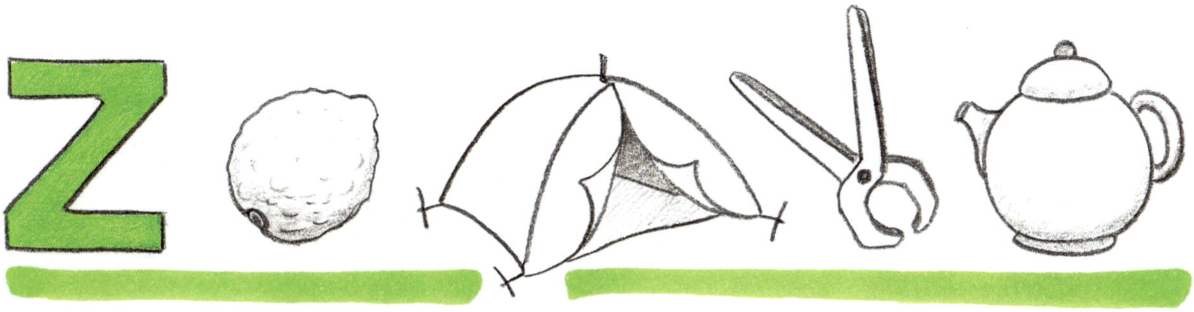

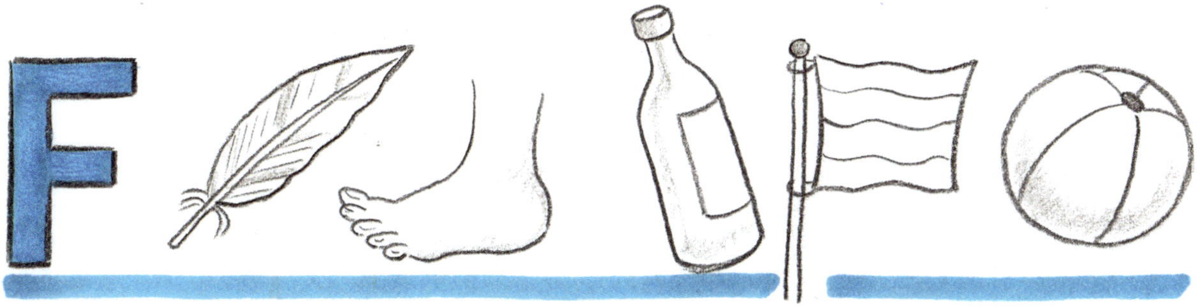

Wörter

Kannst du die Wörter schon schreiben?

KATER

HUND

120

Suchbild

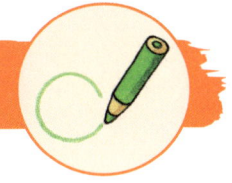

Findest du die Tiere von unten im großen Bild wieder?
Kreise sie ein.

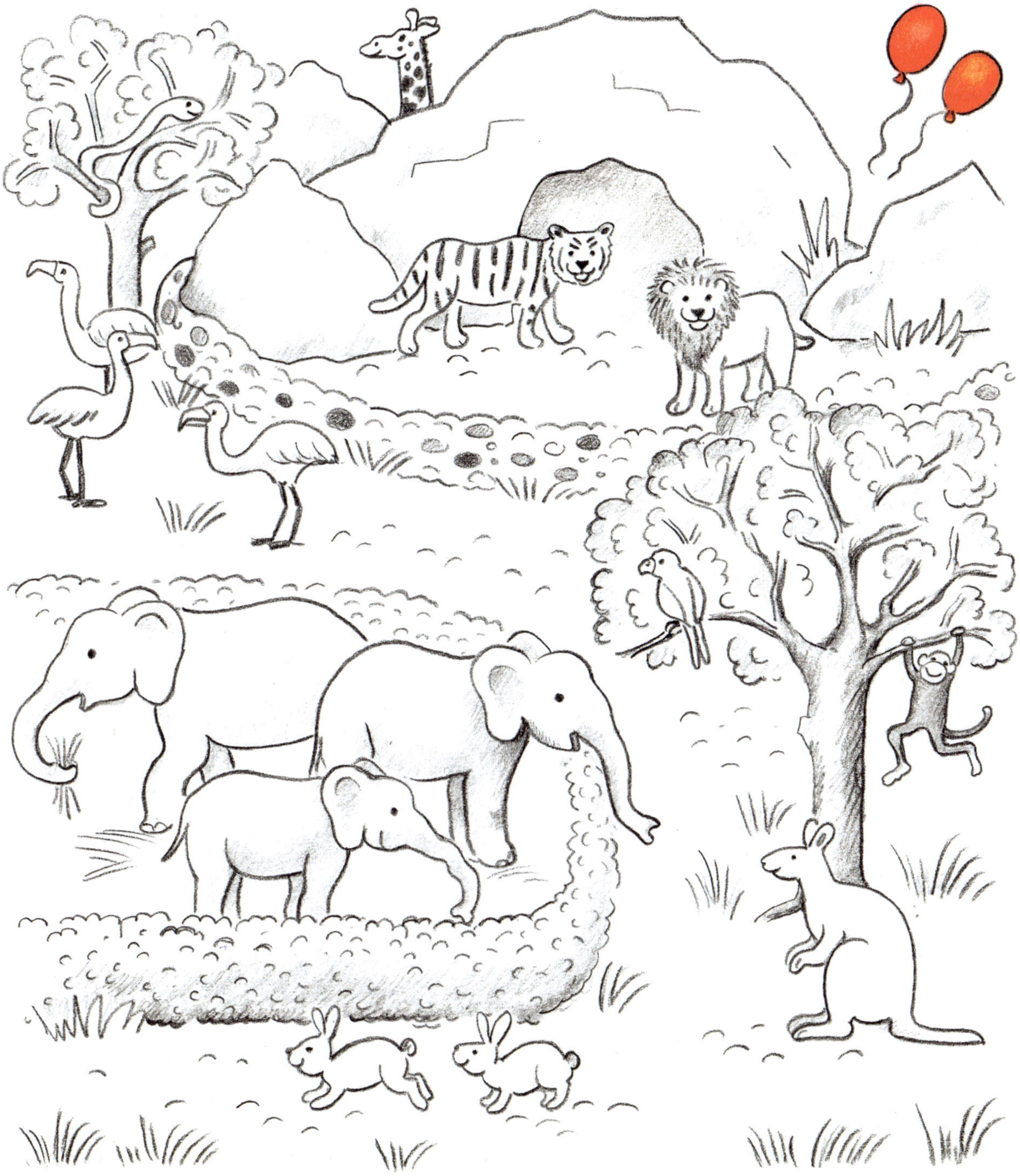

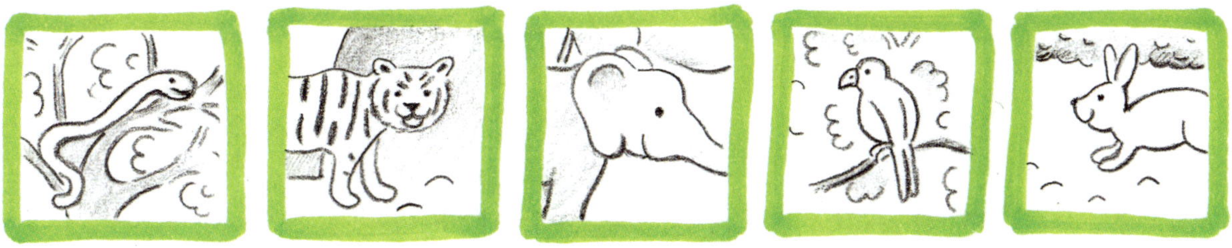

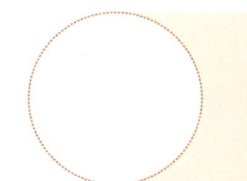

Alles geschafft! Jetzt bist du fit für die 1. Klasse!
Male deine Schultüte an.

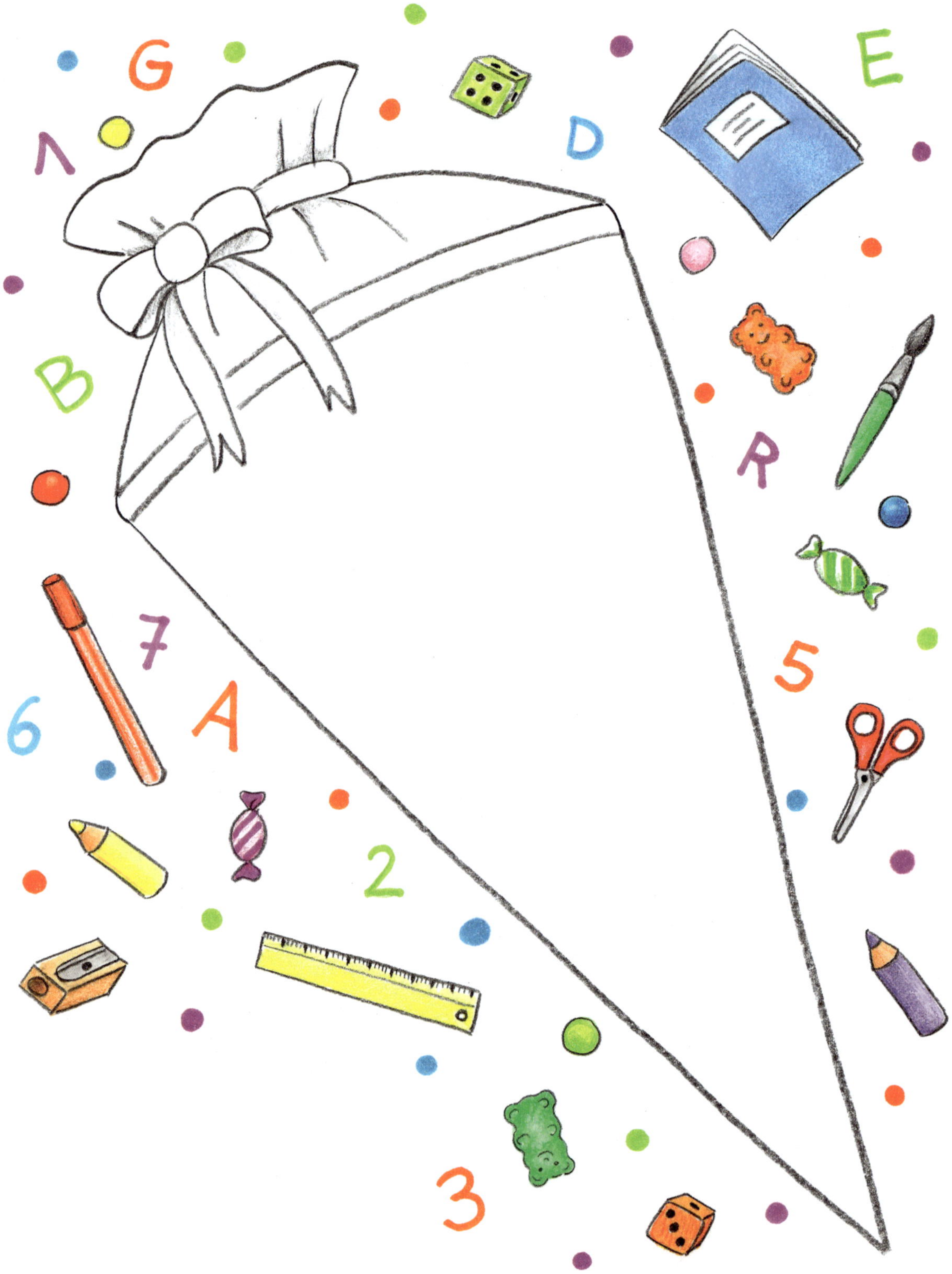

A	B	C	D
E	F	G	H
I	J	K	L
M	N	O	P
Qu	R	S	T
U	V	W	
X	Y	Z	

123

1

2

3

4

5

6

7

8

9

10

Lösungen

Kannst du alle Schneckenhäuser finden? Male sie an. 4

Schreibe das große **A** in verschiedenen Farben.
Achte auf die Schreibrichtung. 7

Wo hörst du ein **A** am Anfang? Male an.

Kreise den Buchstaben **A** ein.

Schreibe die große **1** in verschiedenen Farben.
Achte auf die Schreibrichtung.
Male alle Eistüten mit einer Kugel an. 8

Wie kommt der Wanderer in das Dorf?
Zeichne seinen Weg ein. 9

Welche Strümpfe gehören zusammen?
Verbinde sie mit einer Linie. 11

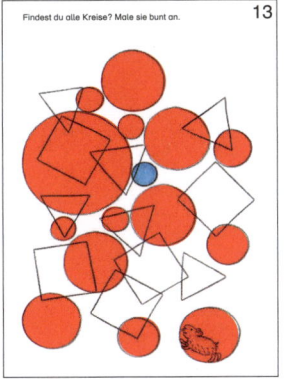

Findest du alle Kreise? Male sie bunt an. 13

In jeder Reihe gehört ein Bild nicht zu den anderen.
Streiche es weg. 15

Vergleiche die beiden Bilder. Kreise die Unterschiede ein. 16

Male die kleinen Formen in der jeweils gleichen Farbe wie
die großen Formen an. 17

Antons Geschenke sind versteckt. Findest du sie?
Kreise sie ein. 19

Welcher Luftballon gehört Emmi?
Fahre die Linien nach und male den Ballon bunt an. 21

Auf welchem Bild sind genau 3 Dinge?
Male das richtige Bild an. 22

Hier fehlen ja noch Zäune! Zeichne sie so ein,
dass immer 4 gleiche Tiere zusammenstehen. 24

Schreibe die große **4** in verschiedenen Farben.
Achte auf die Schreibrichtung. Zeichne den Hund fertig. 25

Male alle Würfel an, die 4 Punkte haben.

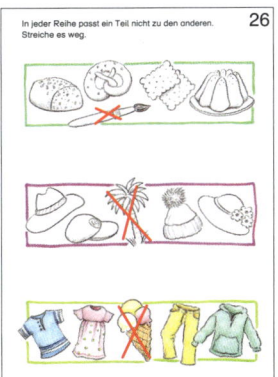

In jeder Reihe passt ein Teil nicht zu den anderen.
Streiche es weg. 26

Schreibe das große **E** in verschiedenen Farben.
Achte auf die Schreibrichtung. 29

Ergänze am Zaun die fehlenden Linien.

Wo hörst du ein **E** am Anfang? Male an.

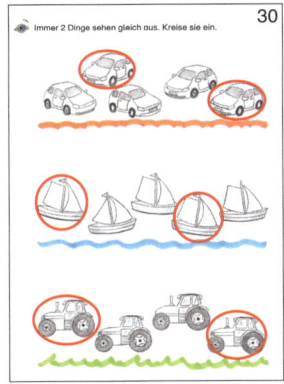

Immer 2 Dinge sehen gleich aus. Kreise sie ein. 30

Wie kommt der Affe zu der Banane?
Zeichne seinen Weg ein. 31

Vergleiche die beiden Bilder.
Kreise die Unterschiede ein. 32

Was geschieht zuerst?
Verbinde jedes Bild mit der passenden Zahl. 33

Lösungen

Was gehört zu dem ersten Bild?
Kreise das passende Bild ein. **34**

Male die Felder in den passenden Farben an. **35**
1 ■ 2 ■ 3 ■ 4 ■ 5 ■ 6 ■

Wie viele Tiere sind auf dem Bauernhof?
Zähle sie und trage die passenden Zahlen unten ein. **37**

Zähle und zeichne die passenden Würfelpunkte ein. **38**

Male alle Würfel mit 5 Punkten an.

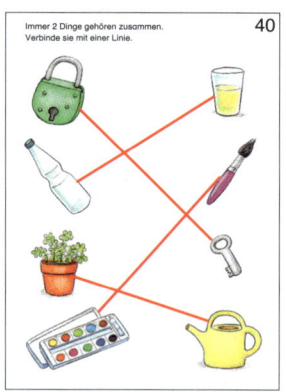

Immer 2 Dinge gehören zusammen.
Verbinde sie mit einer Linie. **40**

Schreibe die große 6 in verschiedenen Farben.
Achte auf die Schreibrichtung. **41**

Wovon gibt es genau 6? Kreuze an.

Kreise die Zahl 6 ein.

Immer 2 Dinge sollen gleich aussehen. Siehst du, was fehlt?
Zeichne die Bilder fertig. **42**

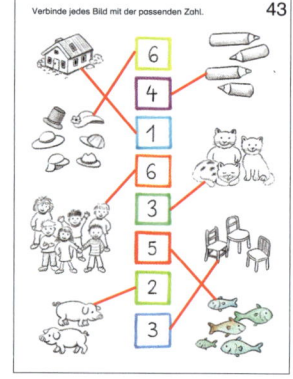

Verbinde jedes Bild mit der passenden Zahl. **43**

Schreibe das große F in verschiedenen Farben.
Achte auf die Schreibrichtung.
Welche Fahnen sind gleich? Kreise sie ein. **44**

Schreibe das große H in verschiedenen Farben.
Achte auf die Schreibrichtung. **47**

Welche Karten sind gleich? Male sie in der gleichen Farbe an.

Zwei Tiere sind gleich. Kreise sie ein. **51**

Schreibe jede 7 in verschiedenen Farben.
Achte auf die Schreibrichtung. **52**

Wovon gibt es genau 7? Kreuze an.

Findest du alle Sterne? Male sie an. **53**

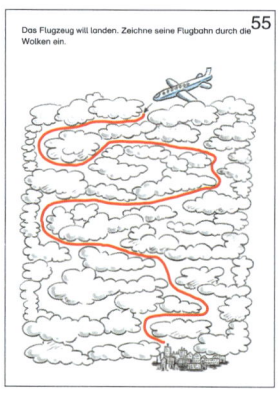

Das Flugzeug will landen. Zeichne seine Flugbahn durch die Wolken ein. **55**

Vergleiche die Bilder. Findest du die Unterschiede?
Kreise sie ein. **59**

Wie viele Silben haben die Wörter?
Ziehe für jede Silbe einen Strich. **60**

(Hase)
(oder Kaninchen III))

Ziehe die gepunkteten Linien nach.
Findest du noch mehr Dreiecke? Male sie an. **61**

Zeichne die gepunkteten Linien nach.
Male unten alle Quadrate an. **64**

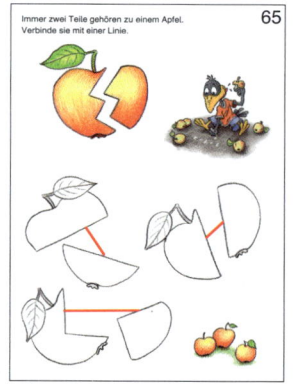

Immer zwei Teile gehören zu einem Apfel.
Verbinde sie mit einer Linie. **65**

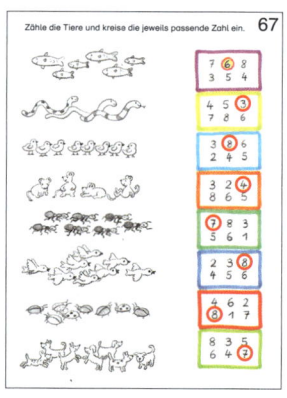

Zähle die Tiere und kreise die jeweils passende Zahl ein. **67**

Lösungen

Schreibe das große **L** in verschiedenen Farben.
Achte auf die Schreibrichtung.
Wo hörst du ein **L** am Anfang? Male an.

68

Vergleiche die beiden Bilder. Kreise die Unterschiede ein.

69

Achtung, der Kater will die Vögel fangen!
Welche zwei Linien musst du dick nachzeichnen,
damit er sich nicht heranschleichen kann?

70

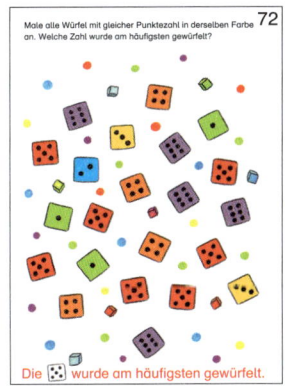

Male alle Würfel mit gleicher Punktezahl in derselben Farbe
an. Welche Zahl wurde am häufigsten gewürfelt?

72

Die ⚄ wurde am häufigsten gewürfelt.

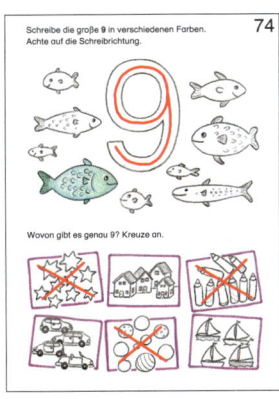

Schreibe die große **9** in verschiedenen Farben.
Achte auf die Schreibrichtung.

74

Wovon gibt es genau 9? Kreuze an.

Zähle die Tiere. Schreibe die jeweils passende Zahl auf.

75

7
6
8
7
9

Schreibe die große **10** in verschiedenen Farben.
Achte auf die Schreibrichtung.

76

Kreise die Zahl 10 ein.

Zähle und schreibe die jeweils passende Zahl auf.

77

10
9
10
10
9
10

Schreibe das große **N** in verschiedenen Farben.
Achte auf die Schreibrichtung.
Kreise den Buchstaben **N** ein.

78

Was passt nicht? Streiche weg.

Wie kommt der kleine Elefant zu seiner Herde?
Zeichne seinen Weg ein.

79

Verbinde jedes Tier mit seinem Schatten.

82

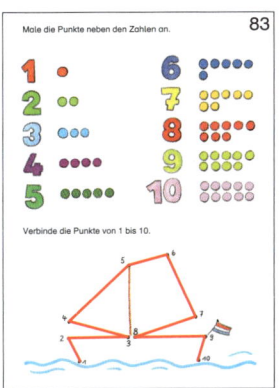

Male die Punkte neben den Zahlen an.

83

1 2 3 4 5
6 7 8 9 10

Verbinde die Punkte von 1 bis 10.

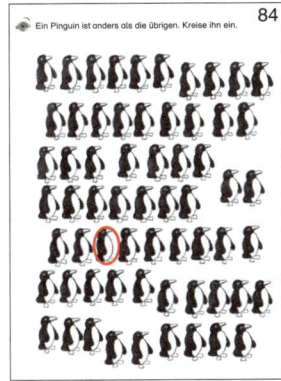

Ein Pinguin ist anders als die übrigen. Kreise ihn ein.

84

In jeder Reihe passt ein Bild nicht zu den anderen.
Streiche es weg.

87

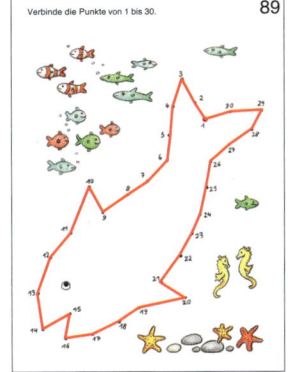

Verbinde die Punkte von 1 bis 30.

89

Zähle die Tiere. Schreibe in jedes Feld die passende Zahl.

90

8
7
9
6

Welche Wörter haben nur eine Silbe? Kreuze sie an.

92

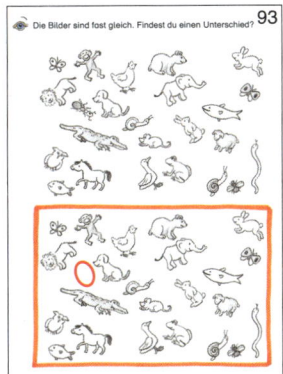

Die Bilder sind fast gleich. Findest du einen Unterschied?

93

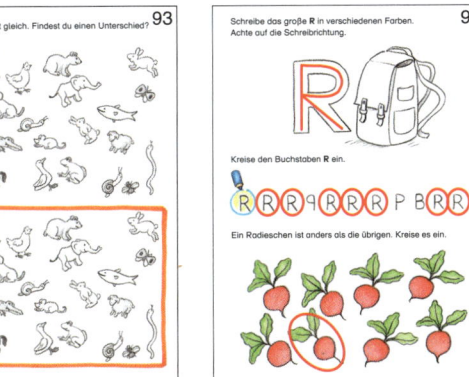

Schreibe das große **R** in verschiedenen Farben.
Achte auf die Schreibrichtung.

94

Kreise den Buchstaben **R** ein.

Ein Radieschen ist anders als die übrigen. Kreise es ein.

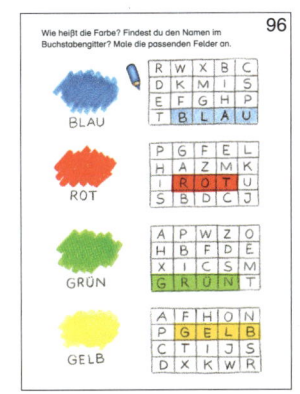

Wie heißt die Farbe? Findest du den Namen im
Buchstabengitter? Male die passenden Felder an.

96

BLAU

R	W	X	B	C
D	K	M	I	S
E	F	G	H	P
T	B	L	A	U

ROT

P	G	F	E	L
H	A	Z	M	K
I	R	O	T	D
S	B	D	C	J

GRÜN

A	P	W	Z	O
H	B	F	D	E
X	I	C	S	M
G	R	Ü	N	T

GELB

A	F	H	O	N
P	G	E	L	B
C	T	I	J	S
D	X	K	W	R

Lösungen

Zähle und ergänze die Zahlen. Rechne die Aufgaben.

$$4 + 3 = 7$$
$$6 + 2 = 8$$
$$5 + 5 = 10$$
$$6 + 3 = 9$$
$$4 + 5 = 9$$
$$7 + 2 = 9$$
$$5 + 3 = 8$$

In jeder Reihe sieht ein Form aus wie die erste. Male sie an.

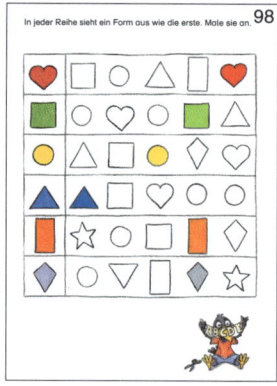

Suche alle Paare. Ein Tier gibt es nur einmal. Kreise es ein.

Wie viele Frösche sind es?
Zähle und rechne die Aufgaben. Schreibe das Ergebnis auf.

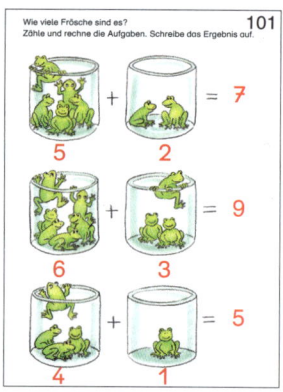

$$5 + 2 = 7$$
$$6 + 3 = 9$$
$$4 + 1 = 5$$

Schreibe das große **U** in verschiedenen Farben.
Achte auf die Schreibrichtung.
Welche Uhr gibt es nur einmal?

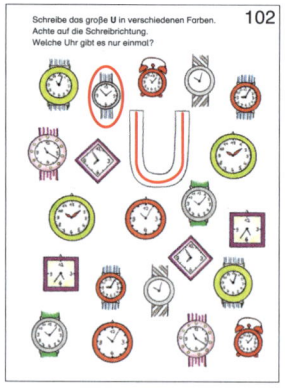

Welche Vögel fliegen nach links? Male sie an.

Welches Teil passt? Kreuze es an.

Wie viele Silben haben die Wörter?
Ziehe für jede Silbe einen Strich.

Was gehört zu wem? Verbinde jede Karte mit dem passenden Tier.

In jeder Reihe sieht ein Ding aus wie das erste.
Kreise es ein.

In jeder Reihe passt ein Bild nicht zu den anderen.
Streiche es weg.

Welche Buchstaben sind gleich? Verbinde sie mit einer Linie.

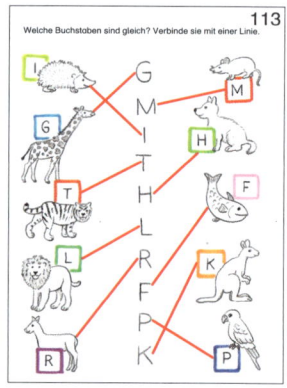

Verbinde die Punkte von 1 bis 17.

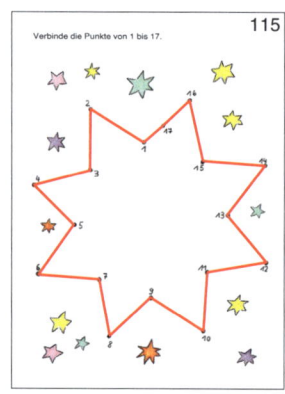

Schreibe das große **Z** in verschiedenen Farben.
Achte auf die Schreibrichtung.
Welches Zebra ist anders als die übrigen? Kreise es ein.

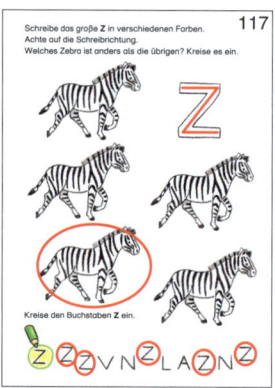

Kreise den Buchstaben **Z** ein.

Male die Felder in den passenden Farben an.
1 ■ 2 ■ 3 ■ 4 ■ 5 ■ 6 ■

In jeder Reihe ist ein Bild falsch.
Streiche es weg.

Kannst du die Wörter schon schreiben?

KATER
KATER

HUND
HUND

Findest du die Tiere von unten im großen Bild wieder?
Kreise sie ein.